情報社会を
生きぬく
武器と教養

世界は認知バイアスが動かしている

栗山直子
認知心理学者

SB Creative

認知バイアスを制する者が世界を制する時代

大統領選で熱狂する群衆。
SNSで炎上に加担するネット民。
商品やサービスのブームに乗っかる消費者たち……。

情報に踊らされ、狂喜乱舞する人々。
このときに彼ら彼女らを衝き動かしているものは何なのか?

それこそが「認知バイアス」である。

人は「事実」で動くのではない。
バイアス、すなわち「思い込み」によって衝き動かされる。
この世の中は、「バイアスによって衝き動かされた人類」でできている。

だからこそ、
自分が思い込みに踊らされないために、
「思い込みに踊らされる他人」を理解するために、
認知バイアスの知見が欠かせない。

そして、「情報社会」となった今、
この傾向はますます強まり、
情報に踊らされる人が増えている。

昔に比べると誰でも簡単に情報にアクセスできるようになった。
今の時代、最先端の情報を得ることだけでは強みにならない。

では、この情報過多の時代には、何が人と人の差をつけるのか？
それが「あふれかえった情報に踊らされず、正しく客観的に見る力」だ。

スタンフォード、ペンシルベニアなど、
このことに気づいている世界のエリートたちが
認知バイアスを学んでいる。

今の時代に認知バイアスを知らないことは、
ことのほかヤバいことなのだ。

しかし、認知バイアスは
これまでなかなか体系化されてこなかった。

理論を一つ一つ丸暗記するしかなく、
「本質」がつかめなかった。

そこで本書では、
「確証バイアス」
「選択的注意」
「心理的リアクタンス」から、
「同調バイアス」
「知識の呪縛」
「生存者バイアス」
「感情移入ギャップ」まで、

「主要理論」を体系化するという
今までにない切り口から、
認知バイアスの世界を案内する。

世界は
認知バイアスが
動かしている

世界は認知バイアスが動かしている

認知バイアスを知らない者がカモになる時代

「情報の豊かさは注意の貧困をもたらす」

ノーベル経済学賞受賞者で人工知能（ＡＩ）の生みの親でもあるハーバート・サイモン（１９１６～２００１）は、生前にこのような言葉を残しました。情報が増えれば増えるほど、一つひとつの情報に振り向けられる注意が減るというトレードオフの状態になるということです。なぜなら、人間の脳のキャパシティは昔も今も変わらないからです。

注意力を失った人間はどうなるか。ますます「バイアス（＝思い込み）」に囚われやすくなります。

ＩＴの発展により情報は指数関数的に増えています。そんな「情報氾濫の時代」において、「思い込みに囚われた人類」が情報に踊らされ、大統領選、ネット炎上、株価暴落、大ブームなど、世界を大きく動かしています。

情報が氾濫している時代だからこそ、情報にアクセスするだけの能力にはあまり意味はありませんし、どんなに頭の良い人でも、思い込みに囚われていては失敗をします。

そして、思い込みは直感的であり、感情的なものです。意識をしなければ、自分でもコントロールできるものではありません。現代を生きる私たちにとって、認知バイアスを知らないことは、ことのほかヤバいことなのです。

「イタリアの53番」の悲劇

卑近な例でいえば、「イタリアの53番」と呼ばれる認知バイアスがもたらした悲劇があります。

２００５年、イタリアでは数字を当てるナンバーズくじで「53番」が2年にわたって、あたり目になっていませんでした。このくじは一カ月の売り上げが7億ユーロ近く（当時の為替レートで900億円以上）あることもあり、多くの人が関心を寄せていました。当然、くじを買う人の中には「次は53番が絶対に出るはず」と考え、多くのお金を投じる人もいましたが、そのことでいくつかの悲劇が生まれます。

大損して妻と息子を射殺した後に自殺したり、家族の全貯金を使い込んで入水自殺したり、少なくとも4件の自殺・殺人が確認されています。

確かに2年も出ていない番号であれば、「次こそ53番が出る」と興奮する気持ちはわかります。ただ、くじの結果はランダムです。続けて53番が出ることもあれば、2年どころか5年、10年にわたって53番が出なくても全く不思議ではありません。

くじでは当たり前ですが、結果は一回ごとに常にリセットされるので、これまでの出目によって次の結果を修正する機能はありません。それにもかかわらず、賭ける側はあたかも法則があるように考えてしまいます。同じように、ルーレットが続けて偶数を出していると、「次は奇数が出るのでは」と思いがちですが、次に奇数が出るか偶数が出るかの確率は同じです。

これらは認知バイアスのひとつで「賭博者の誤謬」と呼びます。もし、当時この認知バイアスが広く知れ渡っていれば、そこまで熱くならず、悲劇も防げたはずです。

「起業家の成功物語」に踊らされてしまうワケ

もうひとつ、知らないと判断を誤りかねないバイアスもお伝えしておきます。ビジネスの世界で多くの人が陥りがちなのが「生存者バイアス」です。人は判断する際に失敗したケースを無視して、成功した事例のみに注目して、誤った結論を導いてしまう現象です。

たとえば、メディアではスティーブ・ジョブズやビル・ゲイツなど起業家の成功物語を盛んに取り上げます。彼らが起業によって世の中を大きく変えたのは事実ですが、起業して彼らのようになれなかった人たちも当然います。むしろ、99・9%はなれません。ただ、失敗事例にはあまり焦点が当たらないので、成功事例だけに注目して過大評価してしまい、リスクを見落としがちです。

企業が新しい商品を開発したり、新規事業に参入したりするときもこの罠によくはまります。

たとえば、あなたの会社が社運を賭けて新商品を開発する際、既存商品を買ってくれた人にアンケート調査をして、高評価を得たとします。しかし、だからといって、「よし、イケる」と判断するのは早計です。これこそ「生存者バイアス」だからです。

確かに、この結果はかつてあなたの会社の商品を買ってくれた人がもう一回買ってくれるかどうかの参考にはなるかもしれませんが、新規顧客の獲得につながるかどうかはわかりません。そもそもこの調査では買おうと思わない人がなぜ買わないかがわかりません。この買った人だけの調査で社運を賭けるのはあまりにも危険です。

認知バイアスを制する者が世界を制する

認知バイアスは私たちの生活のあらゆる場面に潜んでいます。あらゆる決断には認知バイアスが関わっているといっても言い過ぎではありません。知らないことで悲惨な結果を招くことはありますが、知っていれば自分の強みにすることができます。

認知バイアスをうまく使っているのが政治家です。政治家が使うバイアスで有名なのが「フレーミング効果」です。これは情報の発信側が現実を切り取り、認識の枠組みをつくる効果です。受け手はその切り取られた枠組みで評価をせざるを得なくなります。

たとえば、2001年、米国のジョージ・ブッシュ大統領は一般教書演説で減税について語りましたが、彼はスピーチ中、「減税」をそのまま「減税」とは呼ばずに、「税の恵み」と表現しました。それも5回もです。

聞き心地のよい言葉に言い換えることで、「減税して当たり前だろ」と思っていた人たちに対して「ブッシュ大統領にありがたいことをしてもらっている」と印象を変えることができたのです。

また、政治家以外にも、最近、行政の政策立案者は認知バイアスを活用しています。英国では他国に先駆けて行政サービスの改善に認知バイアスの理論を活用しようとして2010年に「行動洞察チーム」を設置しました。

チームでは納税率を上げるために未納者に新しい通知書を作成し、そこに「あなたの近隣の90％の人々はすでに税金を納めています」と記載しました。こう書くことで多くの人は「近所の人が払っているならば、自分も払わなければ」という気になります。厳しい罰則を新たに定めたわけではなく、文書の内容を工夫することで、納税率が向上し、納税の遅延も大幅に減少したのです。

「人はみんなが選択した判断を好む」という社会的証明と呼ばれる認知バイアスをうまく用いています。「みんな払っていること」を認識させることで、何も強制せずに、行動を促したわけです。

なぜ世界のエリートは認知バイアスを学ぶのか？

私たちが生きている現代は常に時間に追われています。多くの情報から必要な情報を取捨選択したり、その情報に基づいて判断したり意思決定したりする際にも、時間をかけないで情報を精査しなければいけません。

人間の思考は合理的ではありません。経験則で判断します。理屈ではなく、過去の経験に依存しがちです。

実際、素早く決めなければいけない場合は、あまり考えている時間がないので、経験則による判断が必要になります。これは人間の生きる知恵でもあります。

ただ、時間がないからと経験則で判断してばかりいると、認知バイアスの落とし穴に気づけず、痛い目に遭う可能性もあります。

そして、ときには生命や財産がリスクにさらされたり、人間関係を壊しかねなかったりするほどのダメージを負うこともあります。情報があふれ、時間がない今の時代こそ、「教養としての認知バイアス」を知る必要があります。

実際、最近は認知バイアスへの関心の高さから、海外では大学も教育に力を入れています。ハーバード大学はオンラインコースで、認知バイアスに関する講義を2024年の9月に実施しており、それは認知バイアスに関する科学的知見や職場でのバイアスの影響を軽減するための戦略を学べる内容になっていました。ペンシルベニア大学やスタンフォード大学でもこれまで認知バイアスに関連する授業が開かれていて、もはや認知バイアスは「必須の教養」となりつつあるのです。

「主要理論」を体系化した入門書

認知バイアスは今、非常に多くの領域にまたがって研究が進んでいます。ただ、多くの領域にまたがるというのは、全体が見えにくくなることの裏返しでもあります。

認知心理学であれば認知心理学の中で、行動経済学ならば行動経済学の中で、関連するバイアスが取り上げられ、個別に議論されてきました。「認知バイアス」だけを抽出して、体系的に議論される機会があまりなかったのが現状です。

そのため、図表1にあるように、認知バイアスを学ぼうとすると、どうしても各理論の羅列でしかありませんでした。これでは認知バイアスの本質が何かがわかりません し、各理論同士にもつながりがありませんので、丸暗記になってしまいます。

そのため、本書は図表2のように、認知バイアスを分類・整理し、体系化しました。詳しくは序章で紹介しますが、認知バイアスの本質（＝思い込み）を解き明かすとともに、「思い込みを引き起こす4つの要因」別に認知バイアスの理論を分類しました。理論を紹介するだけでなく、みなさんが日常生活で注意すべき場面もわかりやすいように体系化しています。

科学技術がいくら発達しようが私たちは判断を求められる限り、認知バイアスからは逃れられません。

ただ、恐れることはありません。どのようなリスクを抱えているかを知れば、それはみなさんの一生を通じての強い味方になるはずです。「認知バイアスという教養」を身につけることで不透明な時代を一緒に生きぬきましょう。

図表1 これまでの「認知バイアス」の学び方

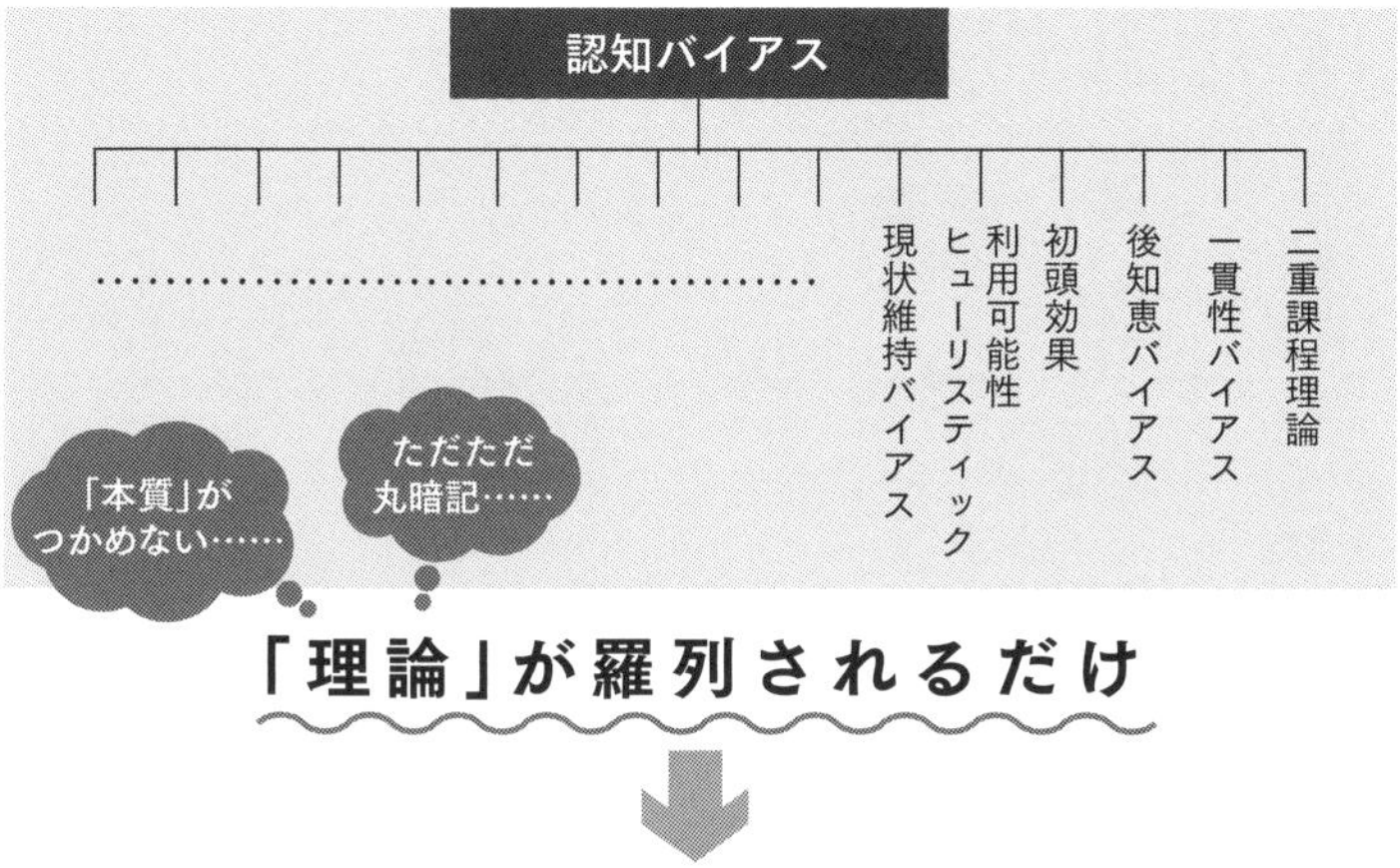

図表2 本書での「認知バイアス」の学び方

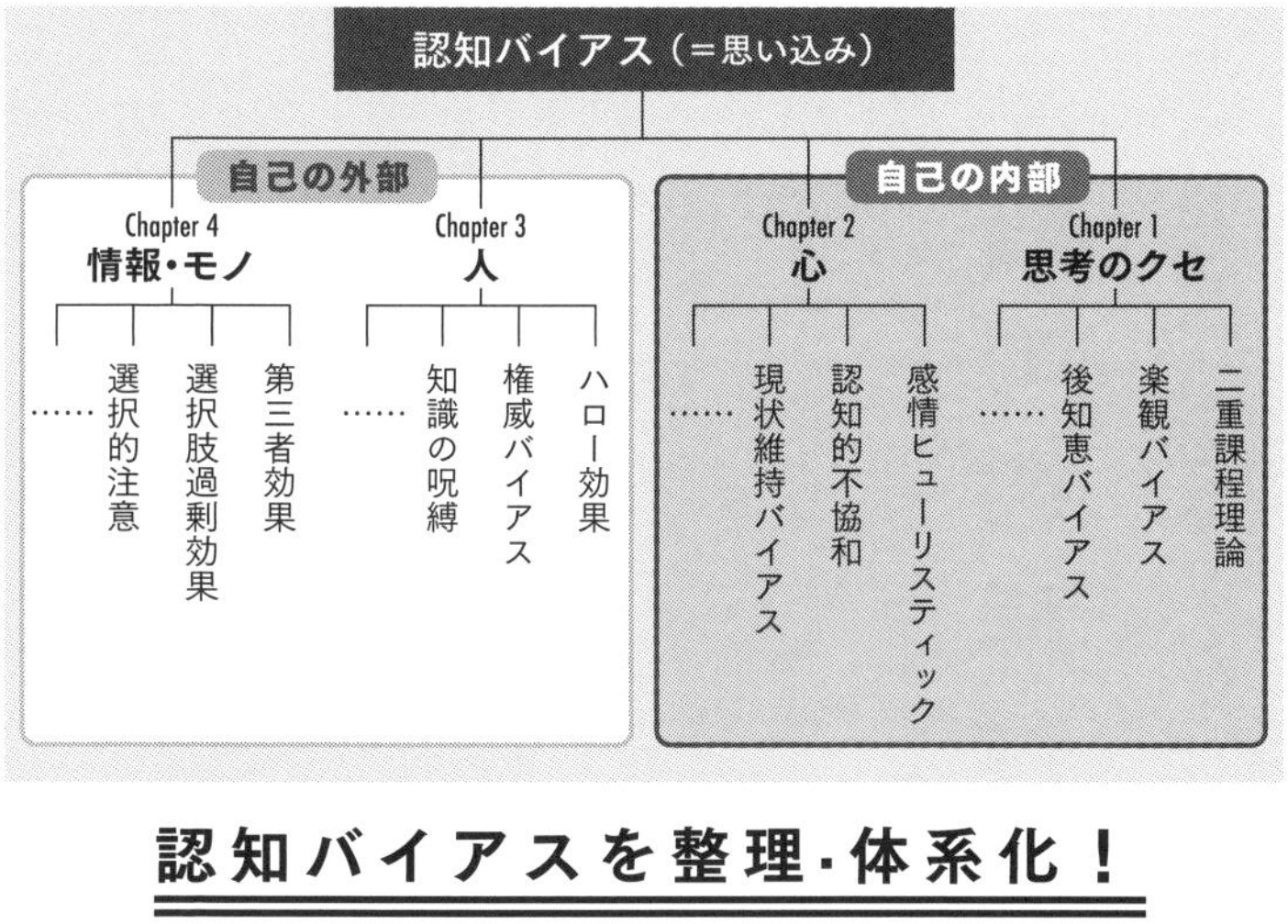

PROLOGUE 世界は認知バイアスが動かしている

INTRODUCTION 認知バイアスの「キホン」と「本書での学び方」

認知バイアスとは結局、「思い込み」である

CHAPTER 1

思考のクセ

「思考のクセ」が思い込みを引き起こす

「記憶の曖昧さ」と認知バイアス

CHAPTER 2

心

「心の状態」が思い込みを引き起こす

好き嫌い

損得感情

信じる心

CHAPTER 3 人

「周りの人」が思い込みを引き起こす

個人

集団

他人の行動

CHAPTER 4

情報・モノ

「周りの情報・モノ」が思い込みを引き起こす

人はモノ・コトをこう捉えがち

情報

モノ

出来事

EPILOGUE

認知バイアスとうまく付き合うために

「認知バイアス＝すべてが悪」ではない

INTRODUCTION

認知バイアスの「キホン」と「本書での学び方」

認知バイアスとは結局、「思い込み」である

認知バイアスとはそもそもどんな学問か？

プロローグで認知バイアスとは「思い込み」とお伝えしましたが、もう少し具体的に言うと、「情報を処理するときに判断や記憶が合理的にできないために、ゆがんでしまう現象」です。

たとえば、あなたは世の中の情報を平等に見ていると思っていませんか？　いえ、実は偏っています。

もしあなたがAという政策に賛成しているとしましょう。それはAとBの2つの政策を平等に見た上で判断していると、あなたは思っているかもしれません。しかし、人は

往々にして自分の考えが正しいことを示す証拠ばかりを求め、自分の意見に否定的な証拠には目を向けようとしません。この認知バイアスを「確証バイアス」といいます。

このように、「判断や記憶のゆがみ」が認知バイアスです。

みなさんの中には「認知バイアスという言葉はよく耳にするけど、どのような領域で研究されているの？」と思われた人も多いはずです。確かに「認知バイアス学」という学問はありません。

では、認知バイアスは正式な学問でないのかといえばそれは違います。むしろ、近年、多くの研究者が認知バイアスについて議論し、その研究成果を行政や企業も取り入れています。

認知バイアスは特定の領域の学問ではありません。むしろ真逆で、今では幅広い領域で研究されています。

これは当然といえば当然です。認知バイアスはさまざまな要因によって、理性的、合理的判断が行えず、ときに非合理的な判断に至ってしまうことです。人間の思考と判断に関わる現象ですので、あらゆる領域の学問と無関係でないといっても言い過ぎではないからです。

もともとは1970年代に経済学の分野で火がつきました。

それまでの経済学では人は常に合理的な判断を下すと考えられていました。たとえば、いくつか選択肢があったら、効率的に最も割の良いものを選ぶことが当たり前という前提でモデルがつくられていました。

ただ、実はそうでなく、人は経験や思い込みで選択してしまうことが実験で次々に明らかになっていきます。これが認知バイアスが学問的に注目されるようになった転機となりました。

1980年代以降、認知バイアスの研究は広がりを見せ、現在は行動経済学、認知心理学、認知科学、社会心理学などを中心に活発に議論が展開されています。最近では神経科学や進化生物学などの領域と連携して、脳やDNAからは気づきにくい認知バイアスを明らかにしようとする動きもあります。また、データサイエンスや人工知能（AI）の分野でも認知バイアスを理解し、それに基づいたアルゴリズムやシステムの設計が進んでいます。

認知バイアスの存在を指摘するだけでなく、バイアスがどうやって生じるのかのプロセスや、バイアスを人はどのように認識して、克服できるのかまで踏み込んだ研究も出てきています。

230年前の「認知バイアス最古の記録」——「賭博者の誤謬」

人間から認知バイアスを完全に排除することはできません。認知バイアスがあったからこそ、私たちは人類を存続させてきた側面もきっとあるはずです。

たとえば、自分にとって都合が悪い情報や不利な情報を過小評価したり、無視したりする認知バイアス（正常性バイアス）があるから、私たちは原始時代、狩猟に行った仲間が致命的な怪我をしても、そこで怯まず、自分は大丈夫と思えた者が食料を調達することができ、子孫を残せたのかもしれません。

あくまでも推測ですが、古代から私たちと認知バイアスは隣り合わせだった可能性が高いのですが、確認できる最古の認知バイアスの記録は今から230年ほど前のものです。それがプロローグでお伝えした「賭博者の誤謬」です。

ルーレットで続けて偶数が出たときに、次は奇数だと思い込んでしまう現象です。よく考えてみると、ランダムで規則性のないルーレットやくじには、過去を記憶しておく装置はありません。ルーレットやくじは試行が独立しているため、過去の結果が未来の結果に影響は与えず、偶数が出続けても次は奇数にするなどということはないのです。それにもかかわらず人は「自己修正する力がある」と思い込んでしまう傾向があるのです。

フランスの数学者のピエール＝シモン・ラプラスが１７９６年に「賭博者の誤謬」を記録したものを残しています。

当時の貴族にとって最大の関心事は後継ぎです。当時は男系継承でしたので、男子が欲しくてたまりませんでした。そして、ラプラスは男子を必死に望む貴族の姿をたくさん見ていました。

ある母親が11人目の子どもを期待していました。彼女にはすでに5人の男の子と5人の女の子がいましたが、最後の4回の出産はすべて女の子でした。彼女は「次の11番目には、男の子が生まれるに違いない」と信じてやまなかったのです。

これは典型的な賭博者の誤謬で、記録に残っている最初の例だろうと推察できます。

人類の営みの中には認知バイアスによる悲喜こもごもたくさんあったのだろうなと推察できる事例といえるでしょう。

サイモン、カーネマン、トヴェルスキー……認知バイアスが今に至るまで

では、ここで次章以降のベースになる学問的なお話を少ししましょう。認知バイアスの研究の大まかな歴史です。

認知バイアスの研究が本格化するのは1970年代以降ですが、認知バイアスを語る上で押さえておきたい研究があります。

1947年に経済学者のハーバート・サイモンが提唱した「限定合理性」です。彼は当時の経済学の「人間は常に合理的に判断する」という常識に異論を投げかけ、人間は必ずしも合理的な選択をしないということを指摘しました。

1960年代になると、ピーター・ウェイソンが確証バイアスを提唱します。これは、人間が自分の考えが正しいことを示す証拠ばかりを求め、間違っていることを示す証拠には目を向けようとしない傾向のことです。

1970年代、認知バイアスが注目を集める研究になったのがダニエル・カーネマン

とエイモス・トヴェルスキーの「プロスペクト理論」です。人々は必ずしも合理的に判断しないというサイモンの指摘をさまざまな実験によって実証しました。

1980年以降は認知バイアスの発見と応用の時代です。人間の非合理的な思考についてのいろいろな研究が多くの学問分野で個別に進みました。「これも認知バイアスではないか?」と各領域で認知バイアス探しが盛んになったのです。

特に認知心理学といわれる分野では個人が情報をどのように処理して、誤った判断に至るのかのメカニズムの解明が進みました。認知心理学とは人間の知覚、記憶、思考、言語、学習、意思決定、行動選択などの認知の働きを解明することを目的とする心理学の一分野です。

現在は行動経済学と呼ばれる分野が生まれ、認知バイアスを広く扱っています。行動経済学=認知バイアスと捉えられがちなのも、この領域での研究が非常に多いからです。行動経済学とは心理学と経済学を組み合わせて、人間の行動を心理学的な観点から分析する学問で、認知バイアスをビジネス、医療、法律、政治、さまざまな実践分野に応用しようとしています。

具体的には政策立案や企業戦略、医療の現場での臨床判断など、人間が日常生活を営む際の意思決定で認知バイアスをどのように考慮すればよいか、判断の誤りを減少させることができるかなどが重要な議論になってきています。

「限定合理性」があるから、人間は常に冷静な判断はできない

さて、認知バイアスの大まかな研究の歴史を見てみましたが、この中で、これから本書を読み進める上で、理解してもらいたい重要な理論が2つあります。ハーバート・サイモンの「限定合理性」とダニエル・カーネマンとエイモス・トヴェルスキーの「プロスペクト理論」です。

まず、限定合理性です。

限定合理性とは、人は認識能力や情報量の限界によって、完全には合理的な判断ができないことです。

繰り返しになりますが、それまでの主流派経済学では、人間は「ホモエコノミカス（経済人）」と呼ばれる合理的な存在として描かれます。人は合理的な判断をする前提で議論が進んでいました。合理的な判断をしないことはありえないと考えられていたので

す。

経済行動に関する意思決定理論は期待効用理論に基づいていました。期待効用理論とは、人々は合理的に「効用（≒満足度）を最大化するような意思決定を行う」という考え方です。

この考え方は、人間の意思決定の合理性を前提とする規範理論です。シンプルで説明能力も非常に高いので、さまざまな分野で広く応用され、経済学の理論的発展につながってきました。

こうした中、サイモンは人間の個人の思考について研究して、人間の認識能力の限界を指摘しました。

人間は意思決定をするにしても情報を処理する能力が限られているため、すべての選択肢を評価することができません。これを認知能力の経済性といいます。

たとえば、転職しようと思っても、世の中のすべての会社を調べることはできません。そもそも、会社に就職しないで起業する道や資格を取得する道もあります。選択肢は無数にあるわけですが、それを全部評価して、比べて、どれが自分に合っているか、どれがやりたいかを考えることは現実的に不可能です。人間の情報処理には限界があるからです。入手できる情報が不完全であるため、最適な意思決定を行うことは簡単ではありません。

もしも、転職先を3社くらいに絞れていたとしても、それらの会社のメリット・デメリットをすべて洗い出すのはまず無理でしょう。すべての情報を網羅して、比較する意思決定はできないため完全な合理的判断はできません。

時間の制約も人の合理的な判断を妨げます。

人は意思決定する際には悩みます。重要な判断ならばなおさら悩むので時間がかかりますが時間は有限です。時間が無限にあれば選択肢をひとつずつ、ゆっくり精査できるかもしれませんが、現実は時間が限られているので与えられた時間内に判断しなければいけません。そうした状況では完全な合理性を追求することは不可能です。

このように、人間は合理的に判断しようとしているけれども、認識能力や情報や時間の制約から完全には合理的な判断はできないと提唱したのがサイモンの理論です。従来の経済学が想定した「超合理主義者」は存在しないと指摘したのです。彼はこの功績で1978年のノーベル経済学賞を受賞しています。

ちなみに、もう少し詳しく学びたい人にお伝えすると、サイモンは１９４７年の論文（"Administrative Behavior"）で限定合理性の概念を初めて提唱し、組織内での意思決定プロセスに言及しました。

そして、その約10年後の１９５５年の論文（"A Behavioral Model of Rational Choice"）では限定合理性の理論をさらに発展させて、人間の意思決定行動をモデル化しています。人間の持つ情報は完全でなく、認知能力にも限界があり、計算処理の時間もかかるので、人間は効用（満足）を最大化するのではなく、せいぜい満足化に甘んじることを主張しました。

さらにその14年後の１９６９年の論文（"The Sciences of the Artificial"）では限定合理性の概念を技術や当時の人工知能の分野に適用して、システム設計についても言及しています。

サイモンは、ホモエコノミカス（自己の経済利益を最大化するために合理的な判断に基づいて行動する人間）の虚構性を暴き、生身の人間に立脚したモデルを提唱しましたが、サイモンの経済学批判はあまりにもドラスティックで、経済学そのものの学問批判にまで及びました。そのため、サイモンの問題意識は当時の経済学者の間ではそれほど浸透することなく終わりました。

ただ、一方で、次第に、期待効用理論が示す最適な意思決定と、実際の人間の意思決定との相違点が注目されるようになりました。最大の争点は、人間の意思決定の「合理性」です。

非合理性のある人間の意思決定を、「合理性」を前提とした理論で分析することには限界があるのではないかと疑問を抱く研究者が増えてきたのです。この「人間の非合理性」が、プロスペクト理論の誕生の背景となっています。

人はその限られた認知能力の中で意思決定を行っているため、その合理性には限界があると主張したサイモンの研究は、その後に続くカーネマンらの研究に大きな影響を与えたのです。

人はなぜ当たらない宝くじを買い続けるのか？
――「プロスペクト理論」

認知バイアスを語る上で、もうひとつの重要な理論がカーネマンとトヴェルスキーのプロスペクト理論です。彼らは、「人間は常に合理的な判断を下す」という経済学の伝統的な見解に疑問を投げかけて、人間の非合理的な側面をさまざまな実験によって、明らかにしました。

サイモンが種をまき、カーネマンとトヴェルスキーが行動経済学の芽を育てたともいえるでしょう。


プロスペクト理論とは、不確実性がある世界で生身の人間が、複数の可能性の間で、どれを選択するかを実証的に解析した研究です。

カーネマンはこの研究で2002年にノーベル経済学賞を受賞しています。カーネマンは認知心理学者なので、「心理学者がノーベル経済学賞を受賞した」とかなりインパクトがあり、日本でも話題になりました。行動経済学が広く周知されたのもこの受賞が大きかったといっても言い過ぎではありません。

ちなみに、本来、この研究はトヴェルスキーとの共同研究なのでダブル受賞になるはずでしたが、トヴェルスキーが1996年に亡くなっていたためカーネマン一人の受賞になっています。


さて、理論の中身に入りましょう。

図表3　**プロスペクト理論の価値関数**

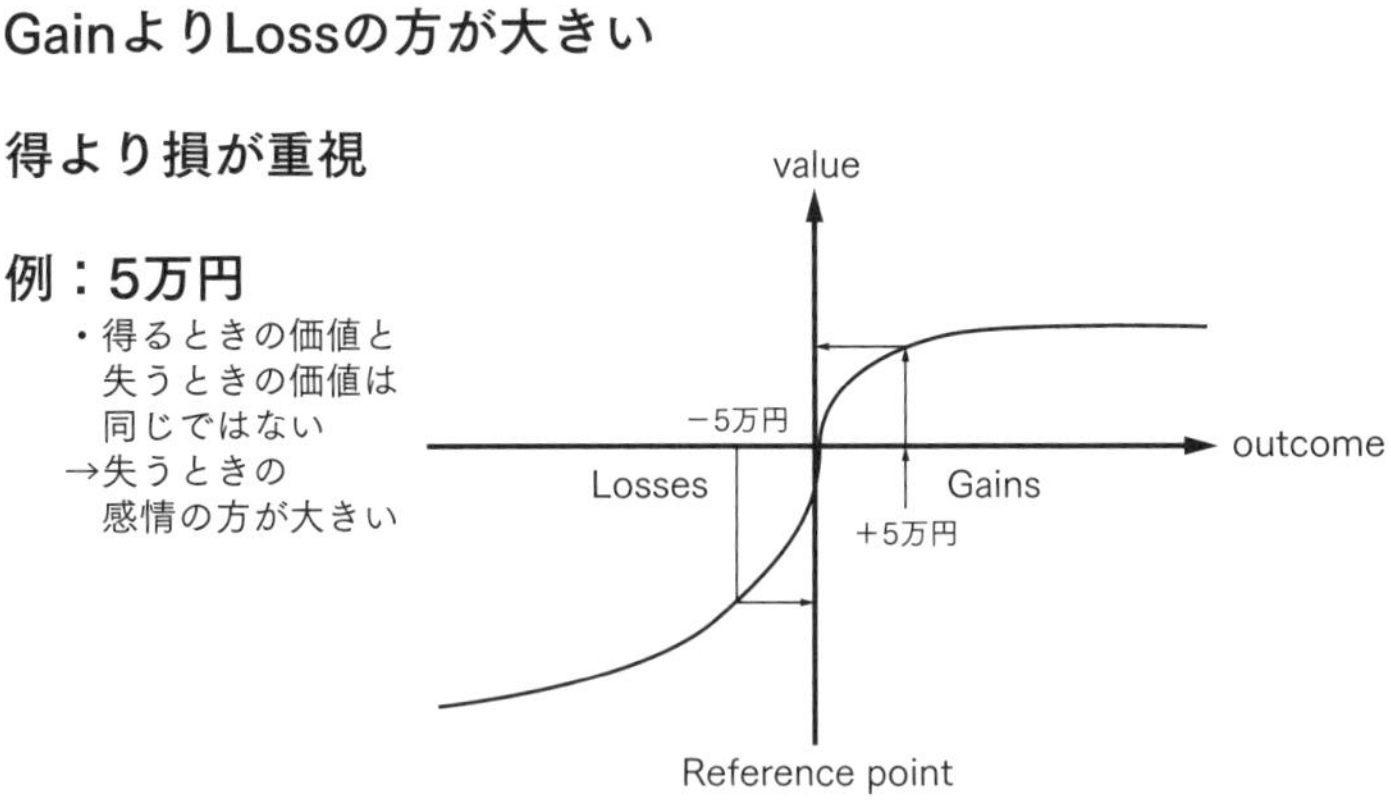
GainよりLossの方が大きい
得より損が重視
例：5万円
・得るときの価値と
失うときの価値は
同じではない
→失うときの
感情の方が大きい
value
outcome
−5万円
Losses
Gains
＋5万円
Reference point

プロスペクト理論はみなさんに非常に身近です。全く当たらない宝くじを買い続けたり、恋愛で傷つくのが怖くてなかなか次のステップに進めなかったりするのもこの理論で説明できます。

宝くじをつい買ってしまうのは確率をうまく計算できないためで、恋愛に臆病なのは得よりも損を恐れる傾向にあるからです。カーネマンとトヴェルスキーはそうした私たちが陥りがちな心理を科学的に証明しました。

プロスペクト理論は意思決定を「価値関数」と「確率加重関数」で説明しています。

図表3の価値関数のグラフでは人が利益よりも損失に過剰に反応する心理傾向を表現し

ています。

たとえばみなさんが「5万円手に入れる」と「5万円失う」というのは、合理的に考えれば、プラスとマイナスの方向性は違っても、「5万円」という価値は同じはずで、「5万円は5万円なので、プラスマイナスが変わっても価値は変わらない」というのが合理的な考えです。

ですから、もし、5万円をもらえるときのうれしさの度合いが10だとしたら、5万円損するときの悲しさの度合いも10のはずです。ところが、人間はそうは考えられない傾向があります。

人は5万円もらえることよりも、5万円失うことの方が嫌なのです。もちろん、5万円を失うのは誰もが嫌ですが、たとえば、5万円もらえるうれしさが10だとしたら、5万円失うときは20になってしまうのです。損は得の2倍というような評価がされるのです。

それを示したのが図表3のグラフです。価値が縦軸、利得・損失の金額が横軸です。グラフの真ん中にある、現在の状態を表す基準点からの増減によって、利得・損失に対する価値の重さを知ることができます。

得るときの価値と失うときの価値はプラスマイナスが違っても価値の大きさは同じであるはずなのに、得するときのうれしさはゆるやかに上昇し、損するときの悲しさは急激に下降します。このように感情の大きさ（価値）が異なっています。人は得より損の方に、感情を揺さぶられることが一目瞭然です。

たとえば、株を売却するときも、値上がりしたときに売る「利確」はできても、値下がりしたときに売る「損切り」は苦手です（これは後述のサンクコストとも関連します）。人は過剰に損失を嫌がるバイアスがあることがわかります。

次に、図表4の確率加重関数のグラフを見てみましょう。このグラフは、人間は確率を正しく認識しないことを表現しています。

人間は低い確率で発生することを過大評価して、高い確率で発生することを過小評価します。

グラフの縦軸は感覚上の確率、横軸が実際の確率です。客観的な実際の確率を、人が主観的にどのように評価しているかがわかります。

本来は現実に起きそうな確率が20％ならば20％と判断するべきだし、60％ならば60％と判断するべきなのですが、そうした合理的な判断はできない傾向にあります。

図表4 プロスペクト理論の確率加重関数

確率の感じ方

- 約40％以下の確率は実際より高く感じたり、評価したりする
- 約40％以上の確率は実際より低く感じたり、評価したりする

「約40％」という基準は個人差がある

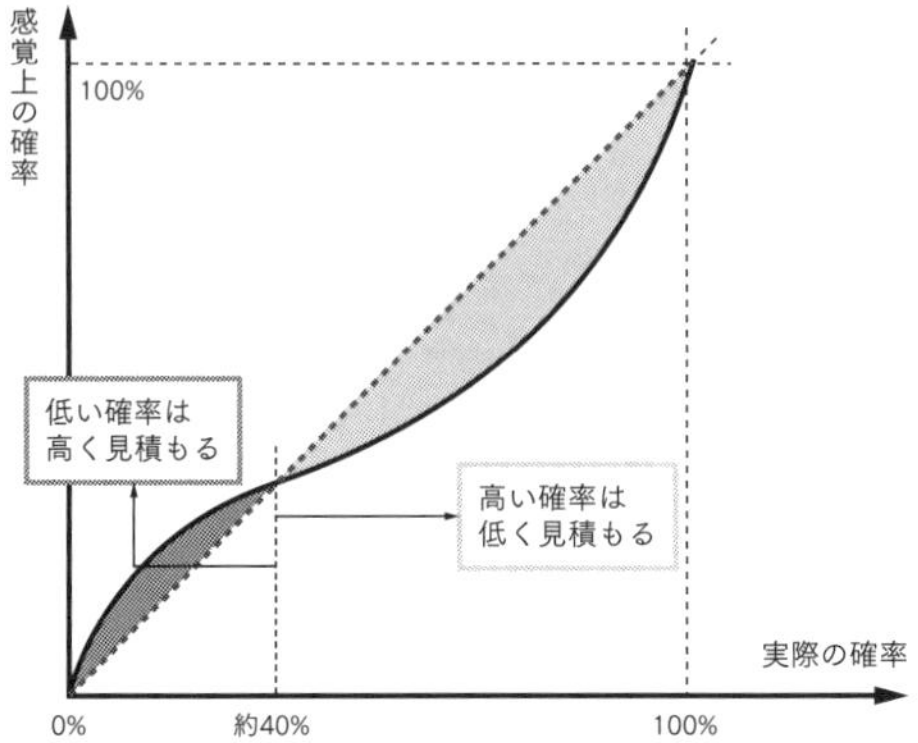

個人差はありますが、一般的に確率40％付近が実際の確率と主観的な確率が一致するポイントと実験によって考えられています。つまり、約40％のポイントよりも現実的な確率が上回ると人間は起きる確率を過小評価して、下回ると過大評価します。

ですから、人間は現実に起きる確率が30％を35％くらいに見積もるし、80％を60％くらいにしか思わない傾向にあります。グラフに示されているように人間は主観で確率を判断する場合、確率を正しく認識できないことがわかります。

アジア病問題と「フレーミング効果」

カーネマンとトヴェルスキーは1979年にプロスペクト理論を提唱して以降、理論に基づき面白い実験を重ねています。

1981年に共同で提唱したのが「フレーミング効果」です。「フレーミング」という言葉の語源は、枠組み・額縁を意味するフレームです。どこに枠組みを設定するかによって印象が変わります。

これは当然、意思決定に影響を及ぼします。問題の提示の仕方が考えや選択に不合理な影響を及ぼす現象です。

このフレーミング効果がなぜ起きるかは人間の価値の感じ方に偏りがあるからです。先ほどの価値関数のお話と関連します。

価値関数では、人間は損失を過剰に嫌がる傾向を示しました。ふたりは「フレーミング効果」を提唱し、状況によって人間は利益と損失の問題で、価値関数とはまた違う判断をする例を提示しました。

結論から先に言うと、フレーミング効果とは、人間は利益が出ているときには確実性を好み、損失を避け、一方で損失が出ているときはリスクを負ってでも利益を求める傾向にあるという現象です。
具体的な実験を元に説明しましょう。

ふたりがこのフレーミング効果の検討のために実施した有名な実験が「アジア病問題」です。
実験では実験参加者を、利益を強調した「ポジティブフレーム」グループと損失を強調した「ネガティブフレーム」グループに分けて、考えさせました。みなさんも一緒に考えてみてください。

米国で珍しい伝染病によって600人が亡くなる見込みです。対策として2つのプログラムが提案されていますが、どちらを採用しますか。

ポジティブフレーム
対策A：採用されれば200人救われるだろう。
対策B：採用されれば3分の1の確率で600人救われ、3分の2の確率で誰も救われない。

実験結果としては実験参加者の72％以上がAを選んでいます。

ネガティブフレーム

対策C：採用されれば400人死亡するだろう。
対策D：採用されれば3分の1の確率で誰も死亡せず、3分の2の確率で600人が死亡するだろう。

こちらの結果はポジティブフレームとは真逆でDを選んでいます。

みなさんお気づきだと思いますが、表現が異なるだけで、AとC、BとDは同じ確率です。

対策A＝C：200人が助かり、400人が死ぬだろう。
対策B＝D：600人全員が助かる確率は3分の1、全員死ぬ確率は3分の2だろう。

ですから、内容だけを合理的に判断すればAを選んだ人の割合とCを選んだ人の割合は同じになるはずです。Aを好む人はCを選ぶし、Bを好む人はDを選ぶはずですが、真逆の結果になっています。

この差異が生まれたのは、何を強調したかです。ポジティブフレームでは「助かる人数」、つまり利益に焦点を当てたことで、全員が死ぬリスクを回避しようとしてAを選ぶ人が多くなりました。

一方、ネガティブフレームでは「何人死ぬか」と損失を強調したため、全員死ぬリスクを顧みずにDを選ぶ人が多くなりました。

このように、人間は問題の提示のされ方で全く異なる判断を下します。ポジティブな枠組みとネガティブな枠組みでは同じような思考をしないということがわかります。情報処理の方法が異なるのです。

これがフレーミング効果の有名な実験です。ふたりはこうした研究を重ねて、プロスペクト理論を発展させていきました。

「人間はそれほど合理的には考えない」というのは今では当たり前に思えるかもしれませんが、カーネマンとトヴェルスキーの研究は人間の非合理性をモデル化して実証した点で当時はとても革新的な研究でした。

みんながそれまでは人間は合理的であるという前提で研究していたのにその前提をサイモンが「人間はそこまで合理的に判断できない」と指摘し、カーネマンとトヴェルスキーがそれを実証しました。

認知バイアスを理解する上での大切な理論となりますので、覚えておきましょう。

「ヒューリスティック」はあなたが思うほど悪くない

本書で頻出する言葉に「ヒューリスティック」があります。「ヒューリスティック」は経験則を意味します。

カーネマンとトヴェルスキーは人々が不確実な状況下で何かを予測し、判断するとき、確率計算や統計理論に従っているようには見えないと考えました。そこで、私たちが頼っているのがヒューリスティックであると指摘しています。

これは決して新しい概念ではなく、限定合理性を唱えたハーバート・サイモンも1950年代に肯定的な意味でヒューリスティックという言葉を使っています。

サイモンは、人は実際の意思決定をする際、決定分析の専門家がまとめたようなプロセスを検討する時間や認知能力の余裕はまずない。そこで、ベストの選択肢を探し続けるのではなく、最初に見つけた納得できる選択肢で満足するためにヒューリスティックを使うと指摘しています。

こう聞くと、ヒューリスティックとバイアスは似ていると思われたかもしれませんが、使われ方が異なります。

ヒューリスティックは限られたリソースで、迅速な判断をするときに必要な思考です。サイモンが指摘するように、人間は時間が無限にあるわけではありませんし、コンピュータみたいな記憶容量を持っているわけでもありません。限られたリソースを使って、その場で迅速な判断を下さなければいけないので、工夫して思考しなければいけません。

そこで我々は経験則や典型例を参照して、判断します。あくまでも、人が迅速に判断するための思考法で悪い意味はありません。

たとえば、道を歩いていてボールが飛んできて、とっさに避けられるのもヒューリスティックのおかげです。ですから、進化の過程で身につけた思考法と指摘している人もいます。経験則であり、意思決定のための近道です。

一方の、バイアスは合理的な推論から逸脱することです。バイアスは合理的に判断したら失敗しないのに、ヒューリスティックに依存し過ぎて、短期間に迅速に答えを出すことで、合理的な結論から逸脱してしまい、問題が起きます。

ヒューリスティックに頼ることがよくないわけではなく、合理的な判断を導くこともあれば深刻な失敗を招くこともあります。人の判断を誤らせるようなヒューリスティックによって、バイアスに陥ってしまうという関係です。

私たちが問題を解決するときにヒューリスティックをどのように使うかを示した有名な実験があります。アレン・ニューウェルとサイモンが行った問題解決の研究です。「ハノイの塔」と呼ばれるパズルがあります。1本の棒に直径が違う円盤が3枚、円すい形に差してあります。この円盤を1個ずつ移動させて別の棒、さらに別の棒へと動かし、最終的に3本の棒に同じ円すい形を作るというパズルです。1回につき1つの円盤しか移動できない、棒の一番上の円盤しか移動できない、すでにある円盤の上にはそれより大きな円盤を置けない制約があります。

この研究では「問題空間」という考え方が導入されました。問題空間は問題解決を考

図表5 ハノイの塔

中央に穴のあいた大・中・小の円盤と、３本の棒がある。円盤は必ずどれかの棒に置かなければならない。今（a）の状態である。これを（b）の状態にしなさい。ただし、

制約
- **１回につき１つの円盤しか移動できない**
- **棒の一番上の円盤しか移動できない**
- **すでにある円盤の上にはそれより大きな円盤を置けない**

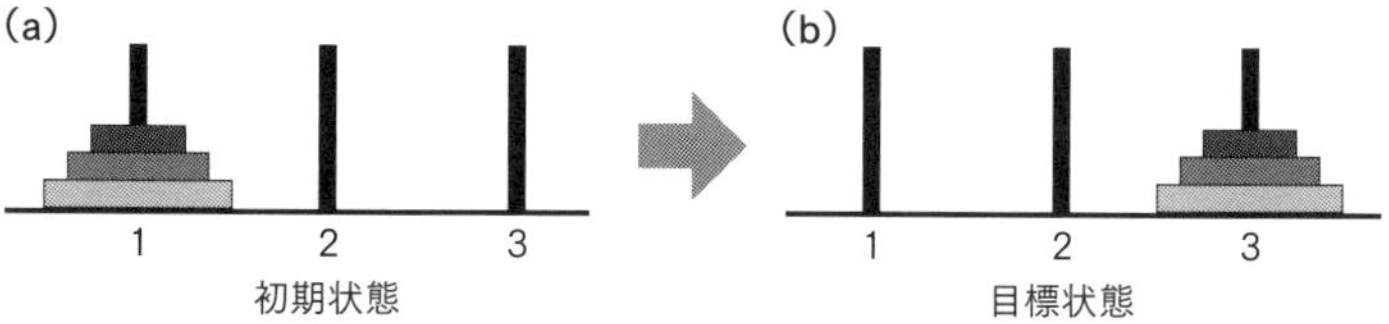

える際に、「問題を解くためのすべての状態」と「それらを結びつける手続きやルール」を表したものです。具体的には実験参加者が持つ「初期状態」、「目標状態」、「操作子」から構成されています。ハノイの塔では初期状態は左端に円盤がある状態で、目標状態は右端に円盤がある状態です。操作子は3つのうちのどれかの円盤を、制約を踏まえた上で現在ある棒から他の棒へ移すことになります。

ここで問題となるのは、実験参加者の取る方略です。つまり、実験参加者が問題空間をどのように探索するかです。どう探索するかを分析していくと、解き方には大きく2つあります。

アルゴリズムとヒューリスティックです。

アルゴリズムは、たとえばしらみつぶし方略といわれるような方法です。考えられる方法を、とにかく全部試します。力業で片っ端からすべて試すわけです。もちろん、しらみつぶしが適用できないときもあります。囲碁や将棋がわかりやすい例ですが、手数が多く複雑な状況になると人の能力ではしらみつぶしは実行不可能になります。

ただ、このパズルは絶対に正しい答えがある問題なので、考えられる解決法が無数にあるわけでもありません。ですから、全部試せば必ず正解に辿り着きますので、しらみつぶしに全数探索することは合理的です。

ところが、人間はそうは考えません。これまでの経験則で取り組みます。それがヒューリスティックです。「こういうパズルはこうだろう」と何となくの当たりをつけて、手を動かして、解決しようとします。ただし、やみくもに試すのは、ひとつずつ意識して試しているわけではないので、同じ方法を何度も試すなど、非効率的なアプローチになりかねません。

とはいえ、ヒューリスティックで問題解決できる方法もあります。

問題を下位目標に分ける方法です。

一度に最終目標に到達するのは難しいので、小さい目標をいくつもつくって、そこにとりあえず到達できるように意識します。ハノイの塔の問題解決であれば、最初に一番大きな下の円盤を目標の棒の一番下に置くことを目標にします。それが達成できたら、次に二番目に大きな円盤を先ほどの円盤の上に置くことを目標にします。最後に一番小さな円盤を目標の棒の一番上に動かします。このように、大きな目標を3つの小さな目標（サブゴール）に分けて一つひとつ解決をしていきます。このような積み重ねで最終目標に到達できます。問題を再構築して、「小さい、短期の問題を解決することに意識を向けること」で経験則でも解決できるのです。

ヒューリスティックは決して悪いわけではありません。何事にもプラスとマイナスがあります。ヒューリスティックは役立つ場合もありますが、判断のエラーにつながる可能性もあります。これは本書を貫く大きな前提になりますので頭の片隅に入れておいてください。

従来の「認知バイアス入門」は体系化されていない

知識がバラバラで読んでも頭に残らない

カーネマンがノーベル賞を受賞して以降、行動経済学が注目されるようになり、認知バイアスへの理解も広まりつつあります。認知バイアスをテーマにした書籍もたくさん出ていますが、あまり一般書では体系化されていないのが現状です。

これはここまでお伝えしたように、認知バイアスが特定の学問でだけ議論されているわけではないこととも関係しています。研究のきっかけとなったサイモンは経済学者ですが、カーネマンはもともと経済学を目指した研究者ではなく、彼の理論の出発点は心

図表6 従来の「認知バイアス」の学び方

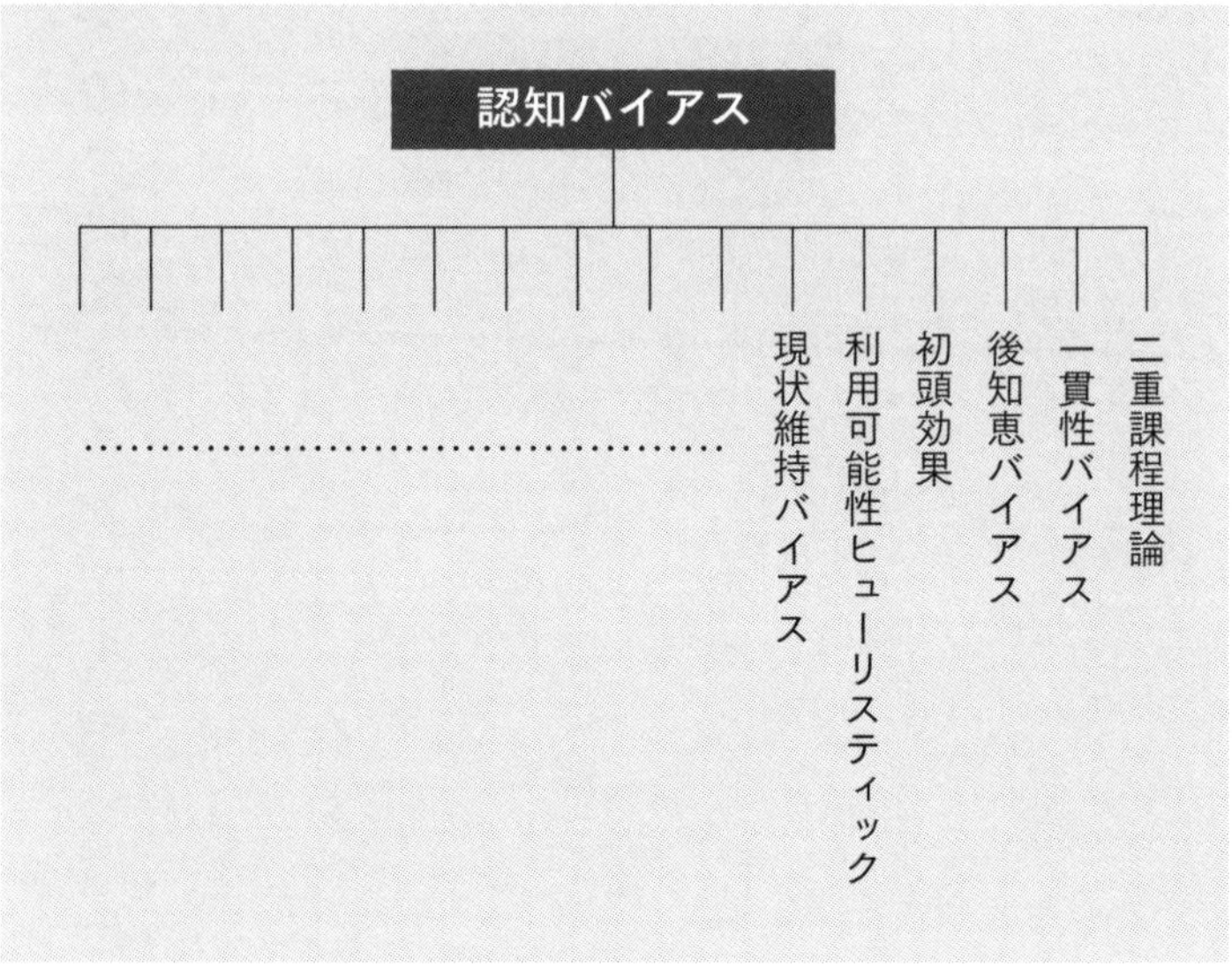

整理・分類がされておらず、
「理論」がただ羅列されるだけだから、
本質がつかめないまま
覚えることになる……

理学です。ノーベル賞を受賞したプロスペクト理論も心理学を使った新しい意思決定理論です。これを経済学に応用させたことがノーベル賞を受賞した理由でもあります。超合理主義者ばかりを主人公にするのではなく、バイアス（偏り）を持つ人間を主人公にしたことが多くの人を惹きつけたのかもしれません。

そして、人間の意思決定というボーダレスな現象であるだけでなく、その裾野も広がっています。多様な考え方が求められる現代では自分のバイアスを自覚するのは必要不可欠でもあります。いわば時代に合致した研究内容であることもあり、注目度は増す一方です。

ただ、対象となる研究分野が幅広い半面、各領域で関連する認知バイアスがそれぞれ別々に紹介されている印象があります。これは研究者からしてみれば当然で、自分の専門領域に関連する形で取り上げるからです。

「本質」がつかめない

一方、一般の読者の視点からすると、こうした認知バイアスの裾野の広さが全体を見えにくくしています。「認知バイアス」で横串を通すのではなく、専門家がそれぞれの

図表7 本書の「認知バイアス」の学び方

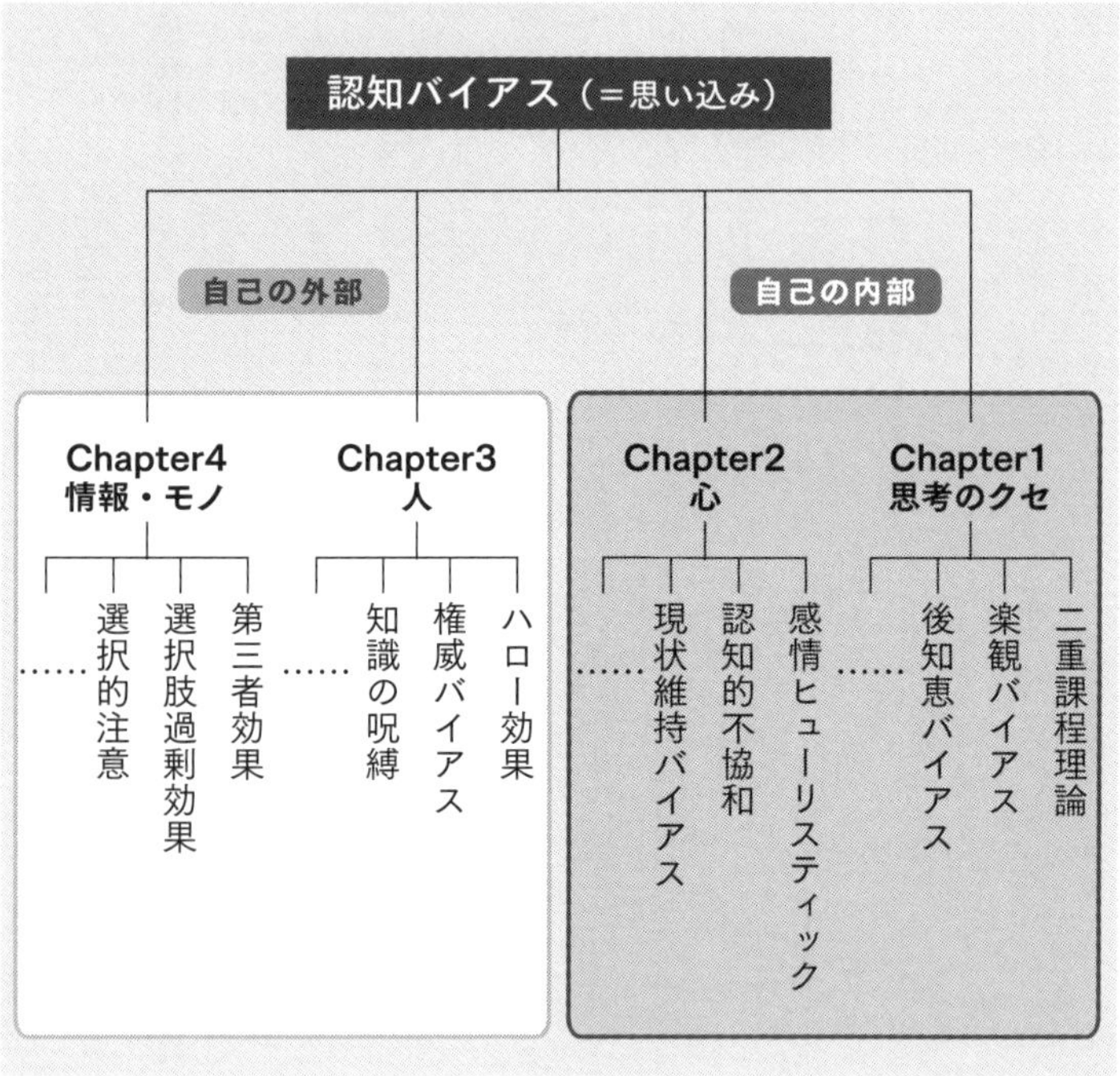

認知バイアスを整理・体系化！

研究テーマから認知バイアスをバラバラに論じているため、全体像がほとんどつかめませんでした。

「認知バイアスとはそもそも何か」「どのようなバイアスがあるのか」「メリットやデメリットは何か」「認知バイアス間の関係はどうなっているのか」などがよく理解できなかったはずです。

つまり、認知バイアスの入り口の広さ、身近さが、かえって、一つひとつの認知バイアスについて知ることができても、認知バイアスを網羅的に理解したり、認知バイアスの本質に触れたりする機会を狭めていたのです。

本書はそうした課題をできるだけ解消しようとした一冊であり、認知バイアスの理論を読者へわかりやすく体系化した入門書です。

認知バイアスを「思い込み」と定義するとともに、その「思い込み」を引き起こす4つの要因別に分類することで、認知バイアスを体系化して紹介しています。

認知バイアス間の関連についても可能な限り触れています。たとえば、人間は損得をしっかり計算できずに意思決定する傾向があり、これは先ほどお伝えしたプロスペクト理論で説明が可能ですが、損失回避やサンクコストなどいくつかの関連する考え方があります。そうした関連する重要なバイアスについても、できるだけ言及することで、本書では理論をバラバラの状態で紹介するのではなく、理論と理論の間につながりをつくり、紹介しています。

また、理論を理解するだけでなく、実践に役立つように意識してまとめています。みなさんが、認知バイアスの罠にはまって、間違った意思決定をしがちな場面で、思い出せるように工夫して、体系化しています。

認知バイアスの主要理論を体系化した入門書

抽象化された「要因」を学ぶのが大事なワケ

こうした構成は私の個人的な好みだけというわけではなく、記憶研究の記銘方略である体制化と精緻化を意識しています。みなさんが一度読んだらなるべく忘れないでいられるように科学的知見に基づいてまとめています。

記憶の体制化は知識を右から左に詰め込むのではなく、知識を分類したり、構造化したりして覚えることです。

人間は日常生活で膨大な情報に触れますが、関連する情報をキーワードなどで整理して覚える方が記憶に残りやすいことは研究でも明らかになっています。ですから、関連する背景の概念をなるべく紹介するようにしています。

精緻化は覚えようとする情報に新しい情報を加えたり関連づけて覚えやすくすることです。覚えようとすることを自分や自分に近しい人などと関連づける方法も当てはまります。自分事として考えた情報の方が記憶に残るともいわれています。これは自己準拠効果といいます。

このように、精緻化を意識して、みなさんの日常のわかりやすい事例に当てはめてみたり、一部質問形式を取り入れたりしています。

体制化と精緻化をうまく組み合わせて、みなさんの記憶に残り、日常生活で役に立てられるような構成を意識しています。

「思い込み」を引き起こす4つの要因

最後に各章の内容について軽くお伝えします。

本書は4章構成です。

思い込みによって認知バイアスは引き起こされますので、章ごとにその思い込みの要因を見ていきます。

心や感情など自分の内部の要因に関して第1章、第2章で扱います。基本的な人間の思考や認知バイアスを紹介して、重要な理論とともに説明します。

第3章、第4章では自分の外部の要因に対する認知バイアスを扱います。他者をどう理解するか、人以外のモノや事象にどのように認知バイアスが働くかに関する事例をまとめています。

【要因①】思考のクセ

第1章は「思考のクセ」についてです。もう少し詳しく言うと、「自分自身の頭の中にもともとある思考のクセ」です。人は外部の要因によってもバイアスを引き起こしますが、そもそも人間の頭の中には「考え方のクセ」のようなものが存在しています。もともと存在するわけですから、この「思考のクセ」がバイアスの一番の土台となることは、言うまでもありません。

【要因②】心

第2章は「心」、すなわち「感情」に関する認知バイアスです。みなさんも実感としておわかりだと思いますが、人は感情的になったときにバイアスを引き起こしやすくなります。第1章のもともと、人の頭の中にある「思考のクセ」に加えて、感情が高まると引き起こされるバイアスもたくさん存在します。そういった「感情」に関係するバイアスを紹介するのが第2章です。

【要因③】人

第1章と第2章は「自己の内部」にある認知バイアスでしたが、認知バイアスは「自己の外部」の要因からも発生します。第3章では自分の外部の中でも「人」。みなさんは意識していないかもしれませんが、人は周りの人の影響を無意識に受け、バイアスを引き起こします。そんな「周りの人」に起因する認知バイアスをまとめたのが第3章です。

【要因④】情報・モノ

そして、「自己の外部」のもうひとつが第4章「情報・モノ」、すなわち「人以外」の外部です。ニュースなどを見てバイアスが起きることは、みなさんも想像しやすいでしょう。

そんな周りの情報やモノによって引き起こされる認知バイアスを紹介するのが第4章です。

第1〜4章で認知バイアスの主要理論を体系的に学んだところで、最後にエピローグではそんな認知バイアスとの付き合い方を紹介して、本書の締めとしたいと思います。

多くの領域にまたがる認知バイアスに横串を通す

みなさんの中には「そんなに理論をたくさん覚えても役立つの？」と思われる人もいるかもしれません。確かに、ただ認知バイアスを知っているだけでは、単なる雑学に終わりかねません。

これまでの認知バイアスの一般書ではまさに雑学が増えただけで終わってしまった人も少なくないでしょう。

それはみなさんの責任ではなく、これまでの認知バイアスに関する一般書が体系化されていないので、断片でしか残らなかったのかもしれません。

本書は多くの領域にまたがる認知バイアスに横串を通すことで、認知バイアスがみなさんの生活のあらゆるところに潜んでいることを示します。

職場でもデートで映画を鑑賞しているときも、ネットニュースを見ているときも何かを判断して行動する際に、認知バイアスの罠は常にあるといっても言い過ぎではありません。

そのことにより、もしかすると人間関係が壊れたり、間違った世論に惑わされたりしている可能性もあるのです。

「無くて七癖」ということわざがありますが、認知バイアスに無縁な人はいません。本書は、いかに思考のクセがあるかを自覚してもらうことが大きな目的です。自分を知ることが、情報があふれ、先行きが不透明な今の時代の最大の武器になるはずです。

まとめ

» 認知バイアスとは「思い込み」であり、「情報を処理するときに判断や記憶が合理的にできないために、ゆがんでしまう現象」である。
» 1970年代に経済学の分野で火がついた認知バイアスは、その後、認知心理学を中心に、サイモンの限定合理性、カーネマンとトヴェルスキーのプロスペクト理論などによって研究が進められ、今では行動経済学という分野もでき、広く研究が進められている。
» 本書で頻出する「ヒューリスティック」は認知バイアスを理解する上で中心となる概念である。「ヒューリスティック」はバイアスを生む原因にもなるが、人間の素早い判断を促す役目も果たす。
» 認知バイアスは多くの学門分野にまたがっていることもありこれまであまり体系化されてこなかった。そのため、理論が混とんと並び本質がつかめなかった。
» 本書では、認知バイアスを「4つの要因」から、主要理論を分類・体系化した。

CHAPTER 1

思考のクセ

「思考のクセ」が思い込みを引き起こす

「思考のクセ」の根本は何か？

人が持つ２つの思考「システム１ VS システム２」

ここから、「４つの要因」別に認知バイアスを紹介していきます。

序章の最後でも紹介したように、第1章は「思考のクセ」です。

外部の要因など関係なく、そもそも人間の頭の中に存在する「考え方のクセ」。これが備わっていることで良いこともあれば、バイアスを引き起こしてしまうこともあります。

みなさんの頭の中にはどんな考え方のクセがあるのか。知った上で、良い影響は活かし、悪い影響はうまく適応していきましょう。

まず、私たちの思考のクセの根っこにあるものが何かについてお伝えします。人間には2つの思考経路があります。ひとつが論理的に熟考し、判断する経路。もうひとつが直感的、感情的に判断する経路です。

ここでは、そもそもなぜ2つの思考経路があるのか、必要だったのかを一緒に考えます。また、直感的、感情的に判断する経路が認知バイアスを生むのですが、どのようなバイアスがあるのかをまとめ、それに関連する認知バイアスも紹介します。

なぜ、私たちは状況によって、誤った判断をしてしまうのでしょうか。

序章でお伝えしたように問題の提示のされ方、表現の方法でなぜ判断を変えるのでしょうか。そして、ときに経験則に頼ってとても合理的とはいえない振る舞いをしてしまうのでしょうか。

ダニエル・カーネマンがノーベル経済学賞を受賞した後の2011年に出版した世界的ベストセラー『ファスト&スロー』("THINKING, FAST AND SLOW")では、人には2つの思考経路が備わっているからだと説明しています。

これを二重過程理論と呼びます。

ひとつは「システム1」と呼ばれる直感的、感情的な思考で、もうひとつが「システ

図表8 システム1とシステム2

システム1	システム2
暗黙的知識	明示的知識
実用的	論理的
連想的	規則ベース的
直感的	内省的
無意識的	意識的
自動的	制御的
並列的	逐次的
言語と無関連	言語と関連
文脈依存	文脈独立
処理容量多い	処理容量少ない
作動記憶と独立	作動記憶に依存
知能と無関係	知能と関連
進化的に古い	進化的に新しい
他の動物と共有	人間に固有

出典：『思考と推論ー理性・判断・意思決定の心理学』
K・マンクテロウ〈Ken Manktelow〉【著】／服部 雅史／山 祐嗣【監訳】北大路書房

ム2」と呼ばれる論理的な思考です。システム1はすぐに答えを出してしまう「速い思考」、システム2は答えをゆっくり出す「遅い思考」と捉えてもいいでしょう。

私たちは普通、システム1の思考モードで周りの状況を理解することが多いです。システム1が生存に不可欠なのは間違いありません。

道を歩いていて自動車にひかれないように道路を渡れるのもそのおかげです。道路を渡るたびに、自分の置かれている状況を論理的に時間をかけて判断して行動していたら、逆に事故に遭いかねません。

私たちは常に情報や時間が限られる中で生きていて、瞬時の判断を迫られているのでシステム1に依存せざるを得ないともいえます。そのため意思決定や問題解決にシステム1を使う傾向があるのです。

ただ、そこにはいくつものクセ（認知バイアス）が潜んでおり、非合理的な行動を引き起こす可能性が高いとカーネマンは説きました。つまり、システム1は一般的にはバイアスの発生源になる可能性があり、ミスにつながる意思決定を招きかねないのです。直感に従うと、往々にして判断を誤りがちなのです。

知的エリートも引っかかる——「二重過程理論」

「私はそんな浅はかな判断はしない」と思われている人もいるかもしれません。確かに、人間は賢さにバラつきがあります。賢さ＝認知能力に差があるのは事実です。誰もが認知バイアスの罠にはまるとは言い切れないという意見もわかります。

実際、認知能力と認知バイアスの関係を調べた人たちがいます。キース・E・スタノヴィッチとリチャード・ウェストは認知能力が高ければ、認知バイアスは起きないのではないかという仮説を立てました。

具体的には認知能力が高い人ほど合理的に考えられるのでシステム1に依存せず、システム2を働かせ、認知能力の低い人ほどシステム1に陥って、認知バイアスに左右されるのではないかと考えました。個人の認知の差が合理的判断に与える影響について関心を持ち、認知能力の違いが、物事の思考や推論、意思決定に与える影響を、実験をして明らかにしています。

その結果、認知バイアスは認知能力と負の相関関係があって、認知能力が高い人ほどバイアスを回避できる傾向が一定程度は見られました。賢ければ認知バイアスに引っかかりにくい傾向があるにはあったのです。ただ、他の実験では高い知能を持つ人々でも、しばしば直感的に考えてしまい、理性的な判断が知能のスコアと強くは相関していないことも示されています。

たとえば、ＳＮＳの普及以降、世の中にはいろいろな陰謀論がはびこるような状況になっています。陰謀論とまで呼べなくても、政治や科学に関するフェイクニュースが毎日のように拡散されています。

みなさんの中には自分には無縁と思われている人もいるでしょう。「陰謀論やフェイクニュースに引っかかるのは、思慮に欠け、政治的に偏った人であり、教育や知性の問題」と感じているかもしれませんが、これは全くの誤りです。

陰謀論やフェイクニュースは確証バイアスのひとつのあらわれです。人は自分の意見の裏づけになる情報は無批判に受け入れますが、持論と対立する情報に対しては無視しようとするのが確証バイアスです。推論のミスを引き起こす原因のひとつです。

ソーシャルメディアのユーザーは、自分と興味・関心が似通った人の投稿をよく読みます。それらは自分の意見と一致しやすいので、自分の意見が肯定的に強化されます。判断を誤っていると誤りが増幅されてしまう可能性があるのです。自分の信念に合致するようなエビデンスだけを探し、評価し、仮説を検証するわけですから修正の術がありません。

スタノヴィッチなどの研究ではこのバイアスは知性とはほぼ無関係であることが示されています。ですから、大学の先生など知識階級の人がＳＮＳで荒唐無稽なことを言い出してもそれはそれほどおかしな話ではないのです。

そもそもなぜ人間には「思考のクセ」が必要か？

システム2がなかなか起動しないのは「認知の経済性」のせい

「システム1を使うことで、問題が起きるのならば、システム2を使ってじっくり考えればいいではないか」と、みなさんは思ったかもしれません。確かにSNSを見てもすぐに反応しないで、じっくり考えれば、陰謀論やフェイクニュースの拡散は止められるような気がします。

繰り返しになりますが、システム1の思考が悪いわけではありません。

システム1のおかげで、私たちは毎日混乱せずに日常生活を送れます。歩いたり、障害物を避けたり、他のことを考えたりといった行動がすべて同時にこなせるのはその都度、自分の状況をじっくり考えているわけではなく、ある程度思考や行動が自動化されているからです。歯を磨いたり、通勤したり、友人と話したり、ジョギングしたりするときは、通常はこの思考モードです。これらの行動の方法について、意識して考えているわけではなく、自動化している行動もたくさんあります。

対照的に、熟慮的で合理的な思考であるシステム2はスピードが遅く、努力を要し、意図的です。会議の資料を作ったり、語学を習ったりするときは、この思考モードもよく使います。

どちらのモードも途切れることなく働いていますが、システム2はなかなかしっかりとは起動しません。リスクが高いとき、明らかな誤りを見つけたとき、あるいはルールに基づく推論が必要なときには作動します。

しかし、我々の思考を普段支えているのはシステム1であるため、認知バイアスに陥ってしまいがちなのです。

では、なぜシステム2があまり起動しないかというと、人間の認知能力に制限があるからです。これを「認知の経済性」と呼びます。

この観点でも重要になる研究は、ハーバート・サイモンの「限定合理性」です。おさらいになりますが、彼は人間の意思決定において「限定合理性」という概念を提唱しました。これは、人間が意思決定を行う際に、すべての情報を完全には処理できず、限られた認知リソースの中で最適な選択をしようとするという考え方です。人間の認知能力が限られているため、完全に合理的な決定を下すことはできず、代わりに「満足できる」「後悔しない」決定を目指すと主張しました。

この研究は、経済学、心理学、人工知能の分野に広く影響を与え、認知の経済性に関する理解を深める基盤となっています。

ダニエル・カーネマンとエイモス・トヴェルスキーの「プロスペクト理論」も認知の経済性を語る上で欠かせません。彼らは特にシステム1の役割を強調して、人々がどのようにして認知リソースを節約しながら、リスクに対して非対称的な反応を示すかを説明しています。

非対称というのは利益と損失の感じ方が異なるという意味です。つまり、人々は、得られる利益よりも損失を過剰に避けようとする傾向があり、これが認知の経済性とも関連しています。この理論は行動経済学の基盤となり、認知バイアスや意思決定プロセスにおける認知の経済性の理解に大きく寄与しています。

システム1になりがちなのは「認知負荷理論」のせい

なぜシステム1で人が判断してしまうかに関してはジョン・スウェラー（1988年）の「認知負荷理論」も有名です。

私たちの脳には、パソコンでいうところのワーキングメモリー（情報を一時的に保ちながら操作するための領域）があります。

たとえば、「寝室にスマートフォンを忘れたから取ってこよう」という行為は、このワーキングメモリーに入れられて、一時記憶として保存されます。しかし、寝室に行ったときに、ちょうどインターフォンが鳴って荷物が届いたのであわてて玄関に行くと、「スマホを取ってこよう」という最初の記憶が「インターフォンが鳴ったので対応する」という記憶に上書きされる形で消されてしまいます。

そして、しばらくしてから「あれ、何をしようとしていたのだっけ…スマホを忘れた！」となります。これはワーキングメモリーの容量が限られているために、あれもこれもと同時にやろうとすると起こる現象です。

スウェラーはこうした脳のワーキングメモリーの特性を踏まえて、学習の効率を最大化するために、学習者の認知負荷を最小化することが重要だと提唱しました。情報を処理する認知リソースもワーキングメモリーも限られているので私たちの脳は複雑なことを覚えたり、同時にいろいろ考えたりするのには向いていないのです。

みなさんが、大量の情報に接したときに、「こんなの覚えられない」「理解できない」と感じてしまうのはみなさんが悪いのではなく、人間の脳がそうできているのです。

どのような職業に就いていても、新しい情報を学んで、それを適用したり、使ったりしなければいけませんが、人間の認知のリソースは限られています。

とはいえ、新しく提示された情報すべてを学んだり、すべてを適用したりすることは簡単ではありませんし、現実的でもありません。大事なところだけを覚えたり、体系化して覚えたり、できる限り認知負荷を減らすことが重要になります。認知負荷を減らすために人は、無意識に工夫して覚えようとすることもあります。企業の研修や教育プログラムはこの認知負荷理論を活用しているケースが非常に多いです。

人間が瞬時に記憶、認識していられるのは7つまで
――「マジカルナンバー7±2の法則」

人の認知リソースの限界を示した研究がジョージ・A・ミラーのマジカルナンバー7±2の法則です。彼が1956年に発表した論文（"The Magical Number Seven, Plus or Minus Two"）は記憶の研究ではとても有名です。人間が短期記憶（ワーキングメモリー）に一度に保持できる情報の単位（チャンク）の数が7±2であると主張しています。

彼は人間が瞬時に記憶、認識できるのは7つ（個人差を含めると7プラスマイナス2）が限度だと突き止めました。

ですから、私たちは7（厳密には5〜9）の容量を超えてしまうと、脳の構造上、覚えたり、認識したりするのが一気に難しくなる傾向があります。人間の認知リソースの限界を示す内容であり、認知の経済性が情報を整理し効率的に処理する際にどのように影響を与えるかを示しています。

この法則のわかりやすい例が電話番号です。人がパッと言われて、一時的に覚えられ

る量は電話番号の長さくらいが限界だからです。

たとえば、みなさんが外出中に電話番号も登録できず、メモすることもできない状態で、誰かに電話をかけなくてはいけないとします。そうした状態で、電話番号は人に教えてもらって、復唱して覚えていられるギリギリの長さなのです。

「携帯番号は11桁だし、少し、長くない？」と思われた人もいるかもしれません。確かに、携帯電話の番号は、090－○○○○－△×△×のように11桁あります。7＋2を超えています。

ただ、これはミラーが提唱した情報の単位（チャンク）と関係しています。
090、080、070は、基本的に携帯番号の最初にくる3桁です。誰にも共通する数字で変化はありません。おそらく、日本に住んでいれば、「そういうものだ」と誰もが苦も無く認識できるはずです。チャンクの数え方は情報のまとまりの単位なので、この090を1チャンクと考えます。その後の8桁の数字は1個ずつがバラバラのランダムな数字なので、1個の数字を1チャンクと数えます。
そう考えると携帯電話の番号は9チャンクになります。

このように、無秩序に並んでいる場合瞬間的に記憶できる数字は平均7つまでとされ、脳の情報処理能力の限界を示すといわれています。実際、記憶術では何の意味も持たない数字の羅列でも、7桁ずつ区切れば覚えやすくなるともいわれています。

マジカルナンバー7±2の法則は情報処理の理論や教育心理学においても広く引用されており、認知の経済性に関する基礎的な理論になっています。

こうした「認知の経済性」により、私たちは必要があっても熟慮ができない場面があり、主にシステム1の思考によって誤った判断に導かれてしまう可能性もあるのです。

代表的なシステム1とは何か？

市場価格を無視してでも高値で買ってしまう「アンカリング効果」

ここからは直感的な思考により陥ってしまう認知バイアスの代表例を紹介します。

まずは「アンカリング」です。

アンカーは船を停留させるための錨です。錨を落とすと船は錨を落とした時点からロープの長さの範囲でしか動けなくなります。それと同じで、人間も意思決定に際して何らかの「初期値」を基準にして、そこからあまり離れて考えられないことで非合理的な決断をしてしまうことを「アンカリング」と呼びます。

「何を最初に提示されようが、無視すればいい」と思われるかもしれませんが、人間は最初に示された数字に非常に引きずられることを示したアリエリーら（2003年）の論文があります。

実験参加者にまず社会保障番号の下2桁を書いてもらいます。00から99までの数字です。その後、ワイン、チョコレート、コンピュータ機器などのいくつかの買い物のリストを提示します。あなたの社会保障番号の下2桁がこの商品の価格だった場合、それをあなたはいくらで買うかと尋ねます。

たとえば、社会保障番号の下2桁が34であれば、ワインの価格を34ドルと仮定して、いくら払って買うかと聞きます。この場合、社会保障番号の数字がアンカーとして私たちの意識に固定されます。結果的に実験参加者の社会保障番号の下2桁が提示する価格に強く影響していることがわかりました。

社会保障番号と価格との関連は全くありません。にわかにはこの現象は信じられないかもしれませんが、社会保障番号の下2桁が大きい人は小さい人に比べて提示した額が統計的に有意に高かったのです。

社会保障番号が大きい人は高く見積もり、小さい人は安く見積もりました。ワインやチョコレート、コンピュータは当然、市場価格がありますが、実験参加者たちは相場とは全く関係ない自分の社会保障番号によって商品の価格を決めてしまったのです。このように最初に提示された数値（アンカー）によって、極端に判断がゆがめられる可能性もあるのです。

値下げシールにだまされるな！

実はアンカリングは私たちの身の回りにあふれています。

たとえば、セールの時期などに元の値段をあえて見せるように残して、割引した値札を貼っていることはよくあります。「春物の2万円のニットが9割も安くなっていて2000円になっている！」とお得に感じて、つい買ってしまった経験がある人もいるでしょう。これこそまさにアンカリングです。

割引した値段だけが貼られていると、人はその割引した値段からしか価値を考えられません。先ほどの例ですと、2000円でそのニットを買うべきかどうかだけで判断すればよいのです。

ところが、あえて高い値段を見せておくことで、「20000円のニットを2000

円で買える」というお得な感じが演出できます。それを見た人は20000円が価値判断の基準点として固定されます。

飲食店などの価格設定もアンカリングが使われています。

たとえば、ある中華料理店に、8000円のコースと、5000円のコースがあったとします。この2つを比べると、8000円のコースを高いと感じるお客さんがほとんどのはずです。

お店として何とかして8000円のコースの利用者を増やしたい場合、新たに10000円のコースを設定して、メニューのトップに持っていきます。そうすると、10000円のコースがアンカーとなって、8000円のコースを安く感じるようになります。

特に中華料理のコースやビューティーサロン、コンサルティングのような基準となる価格がはっきりしない商品やサービスではアンカリングの効果が大きく期待できます。

このようにアンカリングを利用して、購買意欲を促すという方法は企業の日々の戦略に当たり前のように採用されています。

また、一方で、企業の意思決定の現場で、実際に需要動向が大きく変わっているにもかかわらず、過去に立案した計画や予算の数値を前提として、そこから計画を適切に見直すことができないような場合もアンカリングの典型例といえるでしょう。

同じように、「期間限定」「先着順」「残りあとわずか」のような宣伝文句はこの機会を逃すと購入できない、早く行動しないと損をする可能性があると思わせることで、購入を促します。これは「希少性原理」といわれており、マーケティングでは、希少な商品ほど魅力が増すことが知られています。それを保有することが人々の特権意識につながるからです。

人はまったく「自分のこと」がわかっていない

できないヤツほど自己評価が高い――「ダニング・クルーガー効果」

「自分のことは自分が意外にわかっていない」と、みなさんもなんとなく感じたことがあるかもしれません。これはなぜかというと、自分で自分を正しく評価するのは非常に難しいからです。

人間は自分を過大評価してしまったり、反対に過小評価してしまったり、なかなか正しくは評価できません。

たとえば、みなさんの職場で、出世する同僚に対して、「私もあれぐらいできるのに…」とボヤいている人が一人はいるはずです。では、その人は果たして、出世している人と同じくらいできる人なのでしょうか。おそらく、残念ながらそういう人はできない人が多いはずです。大口を叩くのに、あまり働かず、言い訳ばかり……。そして、対照的に、仕事ができて出世する人の方が謙虚な場合があります。

これは決してその人の生まれながらの性格や生育環境によるものではありません。能力が低い人は自分の能力を過大評価する傾向があります。能力が平均以上の人は控え目だったり、正しく評価したりすることも示されています。

これは現代のみなさんの周りだけでなく、歴史上の人物にも当てはまります。つまり、人間の変わらない傾向といえるでしょう。

たとえば、大きなことを言いつつも、自分を正しく見られていた人の例から紹介しましょう。

米国のアップルを創業したスティーブ・ジョブズは生前、過激な発言で知られていました。本気で自分が世界を変えられると思っていて、「自分が世界を変えられると本気で信じるクレイジーこそが、本当に世界を変えているのだ」という言葉も残しています。

大言壮語と捉えられかねない言動が少なくなかったのですが、彼はアップルを時価総額世界一位の企業に育て上げました。パソコンの世界を変えた「ＡｐｐｌｅⅡ」や携帯音楽プレイヤー「ｉＰｏｄ」、スマートフォンの「ｉＰｈｏｎｅ」を世に送り出して世界の人々のライフスタイルそのものを変えました。

スマートフォンがない生活を考えられない人も多いでしょう。まさに言葉通り、世界を変えたのです。

もう一人、大きなことを言いつつも、自分を正しく見られていた人の例を紹介します。音楽の世界にも大言壮語と紙一重の人がいます。ニコロ・パガニーニという19世紀に活躍した天才ヴァイオリニストです。彼は「悪魔に魂を売り渡して手にした」と噂されるくらいの超絶技巧がトレードマークでした。

本来ヴァイオリンには4本の弦がありますが、ある演奏会に現れたパガニーニのヴァイオリンには2本の弦しかありませんでした。それでも彼は見事な演奏を披露しました。演奏後に「2本でできるのならば1本でもできるのか」と聞かれたパガニーニは「1本でも演奏できる」と豪語して、本当に弦1本でできる曲を作って演奏してみせました。これが後に「ナポレオン・ソナタ」と呼ばれる、独奏ヴァイオリンとオーケストラのための作品です。
もっとすごい逸話も残されています。難度の高い曲の演奏中、弦が次々に切れ、G線だけが残ったのですが、その1本で何事もなかったかのように演奏を終えたのです。

ジョブズやパガニーニと違って、「口だけ」「その自信は一体どこから…」の代表例が第二次世界大戦で英国の軍事総司令官を務めたバーナード・モントゴメリーです。彼は大戦中にドイツの名将ロンメル将軍を破ったことなどでかつては名声を得たこともありましたが、近年はその評価も揺らいでいます。

そもそも、彼は軍事総司令官になりたくて政治工作を重ね、大将から元帥まで昇進した政治的な人物でした。

彼は「良い決断ができない将軍は良い司令官ではない」という大きなことを言っていますが、大戦中はいくつも軍事作戦に失敗しています。もちろん、すべての作戦が成功するのは難しいですが、彼の場合、その失敗の責任を転嫁するなどとても名将とはいえない行動を重ねました。それでも名将のプライドは捨てられず、失敗の連続でも、自己評価は常に高いままでした。

ジョブズやパガニーニのように大きなことを言っても実力が伴っている人は、自分の能力を正しく測れています。一方、能力が伴っていないのに大きなことを言ってしまう人は、自己を高く評価しがちです。そして、能力が中間の人たちは、本当は中くらいの評価をしてもいいのですが、自己を低く評価する傾向にあることがわかっています。

そのことに気づいた心理学者のデイヴィッド・ダニングとジャスティン・クルーガーは、学生たちに実験をしました。

ユーモアのセンスや論理思考を問う問題を出し、それぞれ自己評価してもらいました。その後に、「あなたのレベルは、同世代の人と比較して、どのあたりのポジションにあると思いますか」と尋ねたのです。

結果として、成績が悪い学生ほど自分の順位を高く見積もりました。成績が良い学生は正しく、もしくはわずかに低く見積もる傾向がありました。このバイアスを発見者の名前を取って「ダニング・クルーガー効果」と呼びます。「優越の錯覚」ともいいます。2000年のイグノーベル賞を受賞した心理法則です。

さらにふたりは、「なぜ能力の低い人間は自身を素晴らしいと思い込むのか」も調べました。その結果、能力が低い人間には、「自身の能力が不足していることを認識できない」「自身の能力の不十分さの程度を認識できない」「他者の能力を正確に推定できない」という特徴があることがわかりました。

つまり、自身の評価が過大になるか過小になるかは、自己能力を客観視する能力である「メタ認知」のあり方と関係することが指摘されたのです。能力が低い人は、自分を客観的に見る力がなく、だからこそ能力が低いともいえます。

一方で、能力が高い人はメタ認知を使って自分を俯瞰することができます。先ほどの学生の実験の例では成績が良い人は「自分ができた課題くらい、他人もできるだろう」と推測したので、自分の順位を低く見積もるのです。

日本語には「夜郎自大」という言葉が昔から存在します。中国の史記が出典で、これも「自分の力量を過信して尊大に振る舞うこと」を意味します。根拠がない自信家がいるのはいつの時代も変わらないのかもしれません。

成功は自分の努力、失敗は他人のせい――「自己奉仕バイアス」

うまくいったら自分のおかげで、失敗したら、他人や運のせいにする人はどこにもいます。これも認知バイアスのひとつです。成功は自分の性格などの内的要因、失敗は他者など外的要因に原因を求める（帰属させる）というのが、自己奉仕バイアスです。

このバイアスには良いところもあって、自己肯定感を保てます。失敗して、「自分のせいだ、自分のせいだ」と思い込むと精神的につらいので、自分の肯定感を保つためには自己奉仕バイアスはとても有効です。

ただ、自分を客観視できないことで、現実の認識がゆがむこともあります。

たとえば、自分のことを買いかぶり過ぎて失敗したり、失敗しても自分は悪くないと思っているので、同じことを繰り返したりし、改善にはつながりません。行動に対して自己奉仕バイアスは多大な影響を及ぼします。人の業績は過小評価する一方で自分の業績を過大評価するのも自己奉仕バイアスの例です。

１９７９年のロスらの研究では、二人組での作業の成果についての責任を聞いたところ、成功については自分の貢献を過大評価する傾向が認められ、失敗については他者や外部要因のせいだと強調する傾向が見られています。

ワイナーの「原因帰属理論」

自己奉仕バイアスの背景には心理学の動機づけに関わる原因帰属理論があります。

私たちは意識するにしろ、しないにしろ、常に問題の原因を何かに帰属させる方向へと思考や心理を働かせています。人は、何か起きた事を「〜のせい」と原因を探したがる傾向があります。米国の心理学者のバーナード・ワイナーが人が出来事や自分や他人の行動の原因をどう考えているのかを分類したのが原因帰属理論です。

ワイナーは、成功や失敗の原因を何に帰属させるのか（何のせいにするのか）を、統制（内的・外的）×安定性（安定・不安定）の、4つの要因に分けて分析しました。その要因とは（1）「能力」（2）「努力」（3）課題の「難易度」（4）「運」です。

達成動機、成功への意欲が強い人は、成功したとき、その理由を、自分の努力の賜物と考え、失敗したときは、その逆に、努力不足が原因だと考える傾向がありました。一方で、達成動機が低い人は、成功しても、その原因を特定せずに運まかせのような外的要因のおかげと考え、失敗すると、自分の能力不足を理由にする傾向が見られました。

つまり、成功への意欲が足りない人は、失敗の原因を、やる気さえあれば誰にでも取り組める努力の問題と考えません。どうにもならない能力の問題と考えることで、努力しなければいけないというプレッシャーを打ち消そうとするともいえます。

図表9 自己奉仕バイアスを理解するための「帰属理論」

原因帰属理論（Weiner,1971）

- 心理学における動機づけの理論
- 自分自身（や他者の行動）について、その結果の成功や失敗の原因をどう考えるかに関する理論

		安定性 Stability dimension	
		安定（変わらない）	不安定（変わる）
統制の位置 Locus of causality	内的（自分）	能力 Ability	努力 Effort
	外的（自分以外）	課題の難易度 Task difficulty	運 Luck

また、達成動機が強い人は、成功率50%程度のチャレンジを好み、達成動機が低い人は、成功率が50%よりもかなり高いか、逆にかなり低いチャレンジを好む傾向があることもわかりました。

達成動機が強い人は、実力に見合った課題を選び、運に頼らず成功を求めます。それに対して、達成動機が低い人は、実力に見合った課題だと、失敗したときに自分の責任や努力不足を問われかねないので、とても簡単な課題か、逆に難しい課題に挑む傾向があったのです。

ですから、もし、みなさんが何かに取り組んで成功したいと考えるのならば、運や能力

よりも努力が大切だと考えることが成功につながりやすいといえるでしょう。

自分が壊れないための安全装置「防衛機制」とは何か？

もうひとつ、自己奉仕バイアスと関係する心理学用語に「防衛機制」があります。

これは欲求が満たされない自分を守るために無意識に不満の矛先を他の方向に向ける精神のメカニズムです。自我を守り、自分自身が壊れてしまわないようにするための安全装置のようなものです。

たとえば、自分の中の受け入れがたい感情や衝動を他人に転嫁したり、失敗しても自己正当化したり、嫌なことがあっても「これは神さまが与えた試練だ」と思い込んだりして、自分を防衛します。不快な記憶や感情を無意識のうちに押し込めることや失敗や欠点を社会的に容認される理由で正当化することも防衛機制に当てはまります。

自己奉仕バイアスは自分の自尊心を過大評価する傾向にありますが、自分を守ることにもつながって防衛機制として働く面もあります。都合の良いバイアスですが、このバイアスのおかげで、私たちは日々の出来事に一喜一憂することなく、心穏やかに日常生活を送れているともいえるのです。

「一貫性バイアス」があるから「悪人は常に悪い行動をする」と思っちゃう

人間は何事にも筋を通したいと思う傾向があります。

「この人は悪人だ」と一度思うと、その人は常に悪い行動をすると思い込み、「良い人だ」と評価すれば常に良い行動をすると思い込んでしまいます。これは一貫性バイアスと呼ばれ、印象や意見やイメージを一度持つと、それに合わせて一貫性を持たせようとしてしまう傾向のことです。一度ある意見に賛成という考えを持つと、賛成ということを変えずに筋を通そうとしてしまうということも一貫性バイアスの一例です。

当たり前ですが、人間の行動はいつも一貫しているわけではありません。職場で優秀だと思われている人が、基本的なミスをする場合もあれば、仕事ができないと思われていた営業担当者が大型契約を獲得することもあります。

人間は過去の出来事や感情、信念を現在の自分の視点に合わせて無意識にゆがめて記憶する傾向があります。自分の過去の態度や行動が、現在の信念や行動と一貫していると錯覚もしてしまいます。一貫性バイアスが働くと、自己認識や意思決定、他人とのコミュニケーションにゆがみが生じがちです。コミュニケーションについては、第3章のハロー効果などにも関係しています。

42のイベントと「楽観バイアス」

楽観バイアスは自分にとって良いことが起こる確率を過大評価し、悪いことが起こる確率を過小評価する心理的傾向です。

このバイアスの先駆けになったワインスタインの研究があります。大学生を対象にした実験で、人生で遭遇する可能性のある42のイベントのそれぞれについて、自分に起こる可能性が同級生に起こる可能性と比べて高いと思うか低いと思うかを回答してもらいました。

42のイベントのうち18は「卒業後に就いた仕事が気に入る」「持ち家を手に入れる」「ヨーロッパ旅行をする」「80歳を超えて生きる」などポジティブなイベントです。残り24は「飲酒の問題を抱える」「自殺を図る」「結婚して数年以内に離婚する」などネガティブなイベントです。

回答結果は、ポジティブなイベントが自分に起こる可能性は平均確率よりも高く見積もられ、ネガティブなイベントが自分に起こる可能性は平均確率よりも低く見積もられていました。人は根拠がないにもかかわらず、自分と同じような属性（性別、年代など）を持った他者よりも自分が不幸な出来事に遭遇する可能性が低いと考える傾向がそもそもあるのです。

楽観バイアスが健康に及ぼす影響を調べた調査もあります。自分の健康状態に対する評価を調査したところ、楽観的な人々の方が精神的にも身体的にも健康状態が良好であることがわかりました。楽観バイアスのプラスの側面が大きい結果を示した実験になっています。

とはいえ、常に楽観的であればいいわけではありません。注意も必要です。たとえば、企業経営者が自社の業績に対して楽観バイアスに陥ってしまうと、適切な対応を取るのが遅れ、経営が傾く可能性もあるでしょう。

「たいしたことない」は本当か？――「正常性バイアス」

正常性バイアスは危険や異常な状況に直面したときに、状況を過小評価して、「たいしたことない」と思い込むことによって適切な対応が取れない心理的傾向です。

楽観バイアスと似ていますが、正常性バイアスは対象が自然災害、パンデミック、火災、事故、事件などの出来事です。過去の経験や過去の軽く済んだ経験を思い出して、「自分は大丈夫」「今回も大丈夫」と思い込み、回避行動が遅れてしまいます。


正常性バイアスに陥ってしまうのは教訓を活かせないこととも関係しています。

たとえば、2011年の東日本大震災では多数の被害者が出ましたが、被害があった地域は過去も同じような地震による津波に見舞われていました。戦前に活躍した物理学者で随筆家でもあった寺田寅彦はエッセイ「津浪と人間」で1933年（昭和8年3月3日）に明治時代にこの地域で起きた地震と津波のことを記し、過去の経験から学ばなかったことを指摘しています。このように歴史は何度も繰り返されているわけです。

昔から歴史に学べという警鐘は鳴らされているのですが、語り継がれていないのです。これは時代とともに風化して忘れ去られてしまう面もあるでしょうが、都合の悪い情報（この地域は地震が起きると津波の被害がある）を無視したり、自分には起きないと考えるバイアスが働いたりしている可能性があります。人は天災などめったに起きないことには鈍感になりがちですが、正常性バイアスが関係している面は否めません。

「記憶の曖昧さ」と認知バイアス

「フォルスメモリ」の影響で、事件の目撃証言は信用できない

フォルスメモリは実際には起こらなかった出来事や事実に基づかない内容を本人が本当の記憶として信じ込んでしまう現象です。

目撃証言に関するロフタスとパーマの有名な実験があります。

参加者に自動車事故の映像を見せた後、質問の仕方を変えることで、事故の様子に関する記憶がどのように変化するかを調べました。その結果、「車が衝突したときの速度はどれくらいでしたか?」と聞かれたグループは、「車が接触したときの速度はどれくらいでしたか?」と聞かれたグループに比べて、車がより速く走っていたと答える傾向

が見られました。同じ映像を見ながら「衝突」と「接触」の言葉の違いだけで映像の記憶が全く変わってしまうのです。

1週間後に追加の実験を実施していますが、その実験結果も「衝突」と「接触」では記憶が変わる可能性を示唆しています。実験参加者全員に「事故映像でガラスが割れるのを見ましたか?」と質問しました。実際の映像ではガラスは割れていませんでしたが、1週間前に「接触したとき」と聞かれたグループは51人中7名が「見た」と答えました。一方、「衝突したとき」と聞かれたグループは50人中16人が「見た」と答えました。

つまり、人間は聞かれ方によって答え方が変わったり、間違って思い込んでしまったりする可能性があります。ですから、事故や事件の事情聴取、裁判の目撃証言など信ぴょう性が問われる状況では、聞き方や取り調べの方法を慎重に考えなければいけません。人は自分でも気づかずに記憶を書き換えて答えてしまう傾向があるのです。昔を思い出して、自分の経験や出来事を語る自伝的記憶があまりあてにならないといわれているのもこのバイアスによるものです。

幼少期の記憶はつくり変えられる——「自伝的記憶」

お伝えしたように、昔を思い出して、自分の経験や出来事を語る自伝的記憶があまりあてにならないのもフォルスメモリと無縁ではありません。

自伝的記憶とは、「人が今まで生きてきた中での個人的な経験の記憶」を指します。そして、この自伝的記憶は書き換えられがちです。意図せずに、記憶を再構成する傾向が見られます。

大学生を対象にした実験があります（Huffrick et al.（1995））。大学生の家族や友人に協力してもらって、幼少期の出来事の情報を収集しました。その上で大学生にインタビューを実施したところ、多くの実験参加者が本当は自分が体験していない出来事を追加して自分の経験だと説明しました。これは、思い出話などを繰り返し思い出したり、家族から聞いたりすることによって、覚えていないものについても、「そんなことがあったなあ……」と自分が覚えている記憶と書き換えられてしまうからです。その結果、フォルスメモリを形成してしまいます。

自分についての記憶ですから、間違っているわけないと思われるかもしれませんが、自伝的記憶は正確ではない部分があります。人は、このように常に記憶を書き換えてしまうリスクを抱えているのです。

ニクソン大統領のアンケートと「後知恵バイアス」

後知恵バイアスは物事が起きた後に（答えを知った後に）、「そうなると思っていた」「予測ができた」と考える心理的傾向です。

たとえば、スポーツや選挙で自身の予想と異なる結果が出た際、「予想は外れたけど、こうなる可能性があることもわかっていた」と感じたことはないでしょうか。強がりや負け惜しみではなく、無意識にこう思ってしまうのも、後知恵バイアスの典型例です。

有名な研究としては、リチャード・ニクソン大統領の1972年の中国・ソ連外交に関するアンケート調査があります。ニクソンの北京訪問を前に、どんな結果をもたらすかいくつかの具体的な出来事を示してその出来事が起こるかどうかについて調査参加者に予想してもらいました。そして、ニクソン訪中の結果を知った後で再度予測を思い出してもらいました。

結果としては、事前の調査で提示していた出来事について、実際に起きたことに対して自分の予想を過大評価して「高い確率で予想していた」と、起きなかったことに対しては「もともと低い確率で予想していた」つまり、最初から起こりそうもなかったと思っていたと記憶を書き換える傾向にありました。

たとえば、訪問前に「失敗に終わる」と予想していた人が、「私は成功を信じていた」などと考え始めたのです。人間は後から結果や知識を与えられると、知覚や記憶を無意識に変化させてしまうことがあるのです。私たちの予測の精度は自分たちが思っている以上に悪いともいえます。

裁判の証言はあてにならないワケ

後知恵バイアスは、実際に起きた事件や事故、裁判にも影響を与えることがあります。

ある川で起きた鉄砲水による水難事故をめぐる刑事裁判がありました。争点は、鉄砲水発生の予兆である川の濁りを被告側が事前に認識し、事故を回避できる可能性があったかどうかでした。

事故前に撮影された川の写真は、濁りの有無について評価が分かれるものでした。事故前に現場にいた関係者は写真を見て、「水は濁っていた」と証言しましたが、本当に川が濁っていたのかどうか、写真だけでは断定できる要素がありませんでした。

「鉄砲水が起きたことを知っているため、濁っているように感じているのではないか」と考えた弁護側は認知心理学の専門家に証言を依頼します。そこで、専門家は実験を行い、影響を調べました（Yama, Akita & Kawasaki（2021））。

実験参加者を2つのグループに分け、河川の写真を示しました。水の濁りが鉄砲水の予兆であることをあらかじめ伝え、濁りの程度を評価するように求めました。ただ、片方のグループには「実際に鉄砲水が起きた川」として写真を見せ、もう一方にはその情報を与えず、評価がどう左右されるかを検証しました。

平均値を比較したところ、鉄砲水が発生した川という結果を事前に知らされたグループの方が、より強く濁りを評価する傾向が出ました。条件を変えた別の実験でも同様のデータが得られており、同じ写真でも、結果を知ることで濁りが強く見えることがわかりました。典型的な後知恵バイアスであり、そうしたバイアスに基づく発言は実際の裁判でも起きる可能性を示しています。

「後知恵バイアス」が生じる三条件

では、私たちはどのようなときに後知恵バイアスに陥るのでしょうか。心理学の専門家のニール・ローズによると後知恵バイアスが生じやすい条件が3つあります。

まず、背景にある知識が豊富なほど、「予測が可能であった」と考えがちな傾向があります。「知識があれば後知恵バイアスに陥らないのでは」と思われるかもしれませんが、人は自分の知識を過信し過ぎると起こった事象に対して「こうなると思った」「最初からわかっていた」と感じてしまう可能性があります。知識があるからこそ、結果を知ると、その結果が起こる前から予見可能だったと思い込んでしまうのです。

また、結果が出たときにその結果を何かしらの原因と結び付けてしまうと、「結果が避けられないものだった」と感じる傾向にあります。たとえば、「これは運命だった」「起こるべくして起こった」などと何に対しても無理やりにでも因果関係を求めてしまい、「こうなるのは当然」と考えるようになります。結果に至る過程が必然的だったと認識してしまいます。

最後に記憶の再構成、記憶のゆがみです。人は過去の記憶を勝手に改ざんします。過去の出来事や予測についての記憶を後から知った情報によって変化させてしまいます。

こうした条件は誰にも当てはまる可能性があります。特に会社でのプロジェクトなどでは生じがちです。そうした事態を避けるためには、結果論に陥らないように意識したり、別の結果はないかと自問自答したり、自分の当初の考えや予測を文書化したりして注意するようにしましょう。

歯医者よりコンビニの数を多く感じるのはなぜか？
――「利用可能性ヒューリスティック」

利用可能性ヒューリスティックは、人間がよく見るもの、印象に残りやすいものを基準に選択する現象です。

たとえば、「日本にはコンビニと歯医者さんではどちらが多いですか？」と聞かれると、「コンビニ」と答えがちなのですが、実際には歯科医院の方が多く存在します。統計データによって実数にはバラつきがありますが、歯科医院が7万件弱なのに対して、コンビニは6万件もありません。

ただ、多くの人はコンビニと歯科医院では日常的に使うのがコンビニなので、コンビニが多くあると感じがちです。

身近に起こったことは実際の確率よりも起こる可能性が高いと感じてしまう現象も利用可能性ヒューリスティックです。ですから、航空事故のニュースを見るとしばらく飛行機に乗るのが怖くなってしまうのです。

実際には航空事故の死者数よりも交通事故の死者数の方が圧倒的に多いのですが、「車に乗るのが怖い」という人はめったにいません。これは航空事故のニュースが大々的に報道されることで、このバイアスが働き、明日は我が身という心理になってしまうからです。

利用可能性ヒューリスティックと深く関係しているのが私たちの記憶のメカニズムです。自分自身が利用しやすい情報を基準にして物事を考えてしまうのは、思い出しやすさや印象的な出来事が基準になっているともいえます。

人間の記憶は、見たまま全部を同じように平坦に覚えているものではありません。取捨選択したり、書き換えたりしながら覚えています。記憶に残りやすいものもあれば、記憶に残りにくいものもあります。頻繁に思い出すような出来事は、実際の頻度よりも高く感じます。それは自分自身が思い出す回数が多いからです。そして、記憶はその後に起きた出来事によって、再構築されてしまうこともあるので、さらに変化します。

スピーチは「初頭効果」と「親近性効果」を狙え！

利用可能性ヒューリスティック、それだけでなく、先ほどのフォルスメモリ、後知恵バイアスも深く関わる「人の記憶」の傾向性をここで少しご紹介しておきましょう。

記憶するのに重要なのが繰り返しです。忘れそうになっても、頭の中で反芻、つまり「リハーサル」をしている間は短期記憶には記憶され続けます。繰り返したり、そこに対して意識的に目を向けたりすることで長期記憶に定着しやすくなることがわかっています。

たとえば、英語の単語を覚えたいときに、単語を復唱したり、つぶやきながら書いたりした人も多いでしょう。あれは記憶に残りやすくするために有効です。

思い出しやすさにも傾向があります。明らかに思い出しやすい記憶と思い出しにくい記憶が存在します。

たとえば、次の数字の羅列を覚えてください。

75431856421908721 0

おそらく、覚えるのは難しいはずです。人間が覚えられるのは以前お伝えしましたが、7プラスマイナス2なので頑張っても9個くらいだからです。

私も覚えられない前提で数列を提示しました。ただ、全く覚えられなかったわけではなく、おそらく数列の最初の方は少し覚えられたのではないでしょうか。これを初頭効果といいます。

人間は文字列や数列の始まりの部分を覚えていることが多いといわれています。ですから、スピーチでも、大事なことは最初に持ってくるとよいとされているのです。

最初の部分の次に記憶に残っているのが、最後の方の数字でしょう。これを親近性効果といいます。

最後に記憶したため思い出すのが比較的簡単です。結果として、真ん中の部分が忘れやすく、思い出せない傾向にあります。

図表10 利用可能性ヒューリスティックの落とし穴

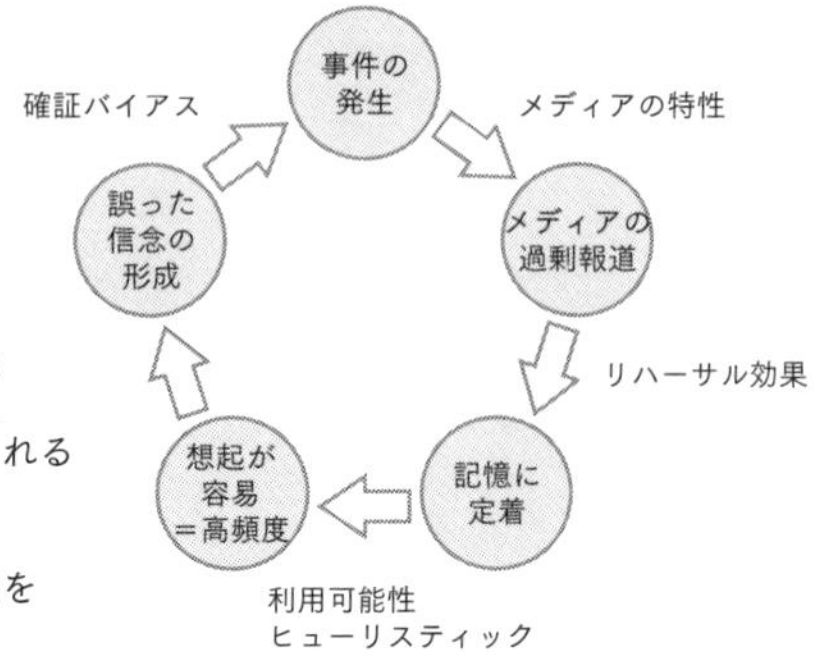

・メディアと利用可能性ヒューリスティックによって誤解が生み出されるサイクル
・記憶のメカニズムと認知バイアスとの関連を示している

出典：『教養としての認知科学』 鈴木宏昭 東大出版会 P182

3月10日、あなたは何をしていたか？――「フラッシュバルブ記憶」

利用可能性ヒューリスティックで使う知識の背後には出来事の印象の強さもあります。短期記憶が定着して、ずっと覚えている長期記憶になったとしても、その印象の強さには強弱があります。

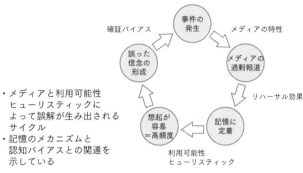

どのような記憶が強く残っているかというと、感情が強く喚起されたときに起きた出来事は鮮明に覚えている傾向にあります。これをフラッシュバルブ記憶と呼びます。

たとえば、阪神・淡路大震災や東日本大震災のような自然災害、海外ではニューヨークの同時多発テロのような大事故が起きたときに、自分が何をしていたかを今でも覚えている人は多いはずです。

一方で、「東日本大震災の前日に何をしていましたか」と聞かれてもはっきりと答えられない人がほとんどでしょう。感情が強く喚起されたときに起きた出来事は記憶の痕跡に残りやすいので、そういう記憶は後からも思い出されやすく、利用されやすいのです。

記憶のこのようなメカニズムによって利用しやすい情報を私たちは、無意識に使ってしまいがちなのです。

ニュースと「利用可能性ヒューリスティック」

利用可能性ヒューリスティックと深く関係しているのがメディアの報道です。ある事件が発生して、メディアで過剰報道されます。繰り返し報道されることで、記憶に定着しやすくなります。そして、利用可能性ヒューリスティックによって思い浮かべることが簡単になります。高頻度で思い出しやすくなります。そこで、誤った信念が形成されて、さらにその信念に基づいて情報を集めるようになります。図表10のようにこういうサイクルで世論が形成していったり、その世論に基づいて事件が発生したりします。

たとえば、最近は洪水の危険性について報道されたことがあります。確かに洪水のリスクは年々高まっていますが、冷静に考えれば、住んでいる地域によって洪水のリスクにはかなり差があります。リスクが小さいにもかかわらず、テレビが「洪水が危険だ」と報道し続けることで、「自分の家も危険なのでは」と考えて過剰に反応してしまう可能性は否定できません。

ただ、現代は人が情報を得るメディアは多様化しています。そして、メディアの扱う情報の内容もそれぞれ異なっています。

かつては新聞やテレビから多くの人が同じような情報を得ていました。ときに誤った信念形成をしてしまい、それが世論をつくるサイクルが強固でしたが、今は崩れつつあります。ですから、メディアを通じた利用可能性ヒューリスティックは以前ほど世論全体を大きく動かす落とし穴ではなくなっているかもしれません。しかし、個々の人にとってはその危険性があることは覚えておいてください。

まとめ

» 外部の要因など関係なく、そもそも人間の頭の中には「考え方のクセ」が存在しており、これがバイアスを引き起こす。

» 「思考のクセ」を生み出す大本には、私たちの思考の経路が2つあるからであり（二重過程理論）、直感的、感情的思考（システム1）と合理的、論理的思考（システム2）である。

» なぜそんな思考のクセが人間には必要かというと、情報や時間が限られる「認知の経済性」が影響している。システム1での決断は必ずしも悪くないが、過度に依存すると、誤った結論につながる。

» 思考のクセの根本は「システム1」に起因するが、「システム1」が認知バイアスを引き起こしもする。

» 人は自己評価や自分の考えが確立していそうだが、想像しているより曖昧で、自分のことがわかっていない。

COLUMN

生存者バイアスを回避するには？

プロローグでお伝えした生存者バイアスはビジネスの世界では特に陥りがちな認知バイアスです。無意識のうちに偏った発想や分析に陥って、大きな失敗につながってしまうことも少なくありません。では、生存者バイアスを回避するにはどのようにすればよいでしょうか。歴史的に有名な逸話を紹介します。

第二次世界大戦中に連合国軍では戦闘機の機体のどの部分を補強すれば戦地で敵に撃ち落とされる確率を低くできるのか激論がかわされていました。

軍の会議では対策として、帰還した戦闘機の損傷データに基づいて、装甲を追加すべき部位を分析していました。損傷部分の多い箇所の装甲を厚くすればいいと考えたのです。敵から撃たれて機体が傷ついた部分を重点的に補強すれば撃ち落とされにくくなるという発想です。

とはいえ、機体を重くすると飛行性能にも影響するので、何ミリほど装甲を厚くすればいいのかを米コロンビア大学の数学者エイブラハム・ウォールドに相談しました。

ただ、彼の答えは全く違いました。

軍部の思考はまさに生存者バイアスだったからです。なぜなら、損傷データは帰還した戦闘機の情報に限られたからです。敵に撃ち落とされて帰還できなかった機体のデータは含まれていません。ウォールドは情報の偏りを指摘し、損傷データ以外の部分を補強するよう軍部に進言したのです。もちろん、撃ち落とされた爆撃機のデータはありませんが、帰還した爆撃機のデータから推測はできます。撃ち落とされてしまった機体の分析にこそ本当の価値があったのです。

「損傷を受けた部分」にばかり目を向けていては、解決策は出てきません。このように、一部の偏った情報を全体の傾向と誤認し、間違った結論を導き出してしまうのは生存者バイアスの典型です。

最近はＡＩでデータをいかに活用するかに注目が集まっていますが、そもそものデータの着目点が間違っていれば、対策を立てても効果は上がりません。データを分析して頑張っているのに成果がなかなか上がらないときは生存者バイアスに陥っていないかと自問自答する姿勢が重要かもしれません。

CHAPTER 2

心

「心の状態」が思い込みを引き起こす

好き嫌い

「感情移入ギャップ」が、オイルショック時の買い占めを引き起こした

第1章では「思考のクセ」を取り扱いました。人にはそもそも頭の中に「考え方のクセ」があり、それが思い込みを引き起こします。そんな人の脳内にすでにあるバイアスをまとめたのが第1章です。

このようにすでに脳内にクセを持つ人間ですが、さらにやっかいなのが、そのときの「感情」によっても、さらなる思い込みを引き起こしてしまう点です。

みなさんも経験があるでしょう。冷静なときには思いもしないことでも、ヒートアップしてしまうと、私たちはついついある誤った考えに囚われたりしてしまいます。

本章ではそんな「感情」に関わる認知バイアスを紹介します。具体的には「好き嫌い」や「損得感情」、「信じる心」などが、思い込みを引き起こす感情です。

本節では、「好き嫌い」にまつわる認知バイアスを見ていきます。

感情移入ギャップは心理学者のジョージ・ローウェンシュタインが提唱した認知バイアスです。

冷静なときには、感情が高ぶったときの自分がどんな行動に出るか予測がつかないし、平和なときには不測の事態が起きたときの自分がどんな心理状態になるかがわからない傾向があります（どちらかというと感情的なときの方の影響が大きいとされています）。

たとえば、商品の買い占めがあげられます。新型コロナウイルスの感染拡大のときのマスク、最近ですとお米、少し時代をさかのぼりますとオイルショックの際のトイレットペーパーの買いだめなどはこのバイアスにより引き起こされたといえるでしょう。パニックで未来が見えていないので、マスクや米が本当は十分に足りているはずなのに、そこまで冷静に考えられません。

もちろん、本当に足りなくなる可能性もあるのではという指摘もあるかもしれませんが、現時点で不安視しなくていいことを不安視し過ぎて、買いだめに走ることで本来の流通機能を妨げているのは間違いありません。

他に身近な例ですと、恋愛が当てはまります。相手にお金を要求されたり、冷たい態度をとられたりしても、感情が高ぶっていると「あの人は良い人だから何か理由があるはず」と客観的に判断できずに結婚詐欺に遭ってしまう可能性もあります。「恋は盲目」というようにのめり込んでしまうと、冷静な気持ちで判断できず、弊害が生じる可能性が高まります。

人間は現在の気持ちに左右される傾向があって、将来の自分に感情移入することは簡単ではないのです。

なぜ人は落ち込んでいるときにさらに落ち込むのか？
――「気分一致効果」

気分一致効果は、そのときの気分が記憶や判断に影響を与える現象です。楽しい気分のときは楽しい出来事を、悲しい気分のときは悲しい出来事を思い出しやすい傾向があります。

バウアー（１９８１年）が行った有名な研究があります。調査参加者にポジティブなシナリオとネガティブなシナリオを読んでもらって、それぞれの感情をシナリオで誘発させました。そしてその後に、感情表現の単語リストを記憶してもらいました。そのリストにはポジティブとネガティブの両方の感情表現が同じ割合で含まれていました。

記憶したリストの単語は一定時間経った後に思い出してもらいました。その結果、ポジティブなシナリオだとポジティブな言葉を思い出し、ネガティブなシナリオだとネガティブな言葉を思い出しやすい傾向にありました。つまり、記憶の思い出しやすさにも、そのときの気分が影響してしまうのです。

このように、気分一致効果がマイナスに作用するとネガティブな気分のときにはネガティブな情報を記憶しやすくなるので、悲観的なことをより想像しやすくなります。余計に負の感情の悪循環に陥る可能性があります。

また、ポジティブな気分のときも注意が必要です。楽観バイアスと相互作用することで、客観的には危険な状態であっても、ポジティブな要素にばかり注意が向くので、リスクを低く見積もったり、対策をまともに立てなかったりして状況がさらに悪化する可能性も否定できません。どちらの感情であっても普段よりも感情が高まっている場合には、気分一致効果の影響を受けやすいため注意が必要です。そのようなときは、今の自分の状態を一歩引いて冷静に見つめることが大事です。今の自分の状態（特に普段よりも正負どちらであっても感情が高まっている場合）を客観視するためには「メタ認知」が重要になってきます。

一歩引いて自分を見てみる――「メタ認知」

一歩引いて冷静に見つめる際に重要になるのが、メタ認知です。自分の考えや行動、感情を俯瞰したり、今の状態をモニターしたり、自分をひとつ上の次元から客観視することです。簡単にいえば自分自身を客観的に認知する能力です。メタ認知ができれば、特定の感情を抱いている自分を、その場で第三者的に見ることができます。

メタ認知を働かせることで初めて自分自身が気分に大きく左右されて動いていることがわかります。もちろん、人は大なり小なり感情に影響されます。ただ、自分の感情に過度に影響されると弊害が起きる可能性が高まります。

たとえば、マイナスの感情を抱いているときに、それを自覚せずに意思決定すると必要以上にマイナスに考えて、自暴自棄な判断を下しかねません。泣きたい状況でも、メタ認知能力が高ければ、なぜ自分が泣きそうになっているかを冷静に分析できます。実は、「自分は今、こういう理由で泣きそうだ」と客観的に認識することで、マイナスの感情はトーンダウンします。

ですから、感情に過度に影響されないためには、今の自分の感情をそのままにせず、まず落ち着いて、自分を俯瞰してみることが重要になります。メタ認知を働かせることを普段から鍛えておくことが認知バイアスの罠を避けるのには有効な手段になります。

日経平均は天気が決める？——「感情ヒューリスティック」

感情ヒューリスティックは感情を手がかりに素早く判断する現象です。何かを決めなければいけないときの判断が感情に頼りがちになります。

たとえば、昔から「天気が良いと株価も上がる」と語られていましたが、これは一部、実証されています。

過去40年にわたる日経平均の日次収益率と、空を覆う雲の量との関係を分析した研究

（加藤・高橋（２００４年））があります。

その結果としては、雲の量が少ない日の日経平均は平均０・０８７％上昇して、多い日は０・０１８％下落していました。冷静に考えると、もちろん天気や気温が直接、株価を決めるわけではありません。しかし、天気が消費者や経営者の何かしらの感情や行動に影響した可能性もあることは否定できません。

「吊り橋効果」と「誤帰属」の素晴らしき関係

誤帰属は、ある感情や反応を、実際の原因とは異なるものと関連づけて解釈する現象です。


たとえば、映画のスリリングなシーンを見てドキドキすると、その原因を一緒に見ていた人にドキドキしたと間違って帰属させて恋愛感情を持ってしまうことがあります。

これは「吊り橋効果」と呼ばれ、誤帰属の一種です。緊張・恐怖など強い感情による生理反応を恋愛感情など別の感情だと帰属を誤る現象です。

みなさんも聞いたことがあるかもしれませんが、ダットンとアロンの有名な実験があります。

　男性の実験参加者に高い吊り橋を渡ってもらいます。そこで出会った女性（実験者が用意した調査員）に好意を示すかを調査しました。

　吊り橋の上で、女性から調査協力を求めたところ、近くにある頑丈に固定された橋で協力を求めた場合に比べて、後日、女性に電話をかけてくる男性の割合が高かったという結果が報告されています。

　高くてゆらゆらと揺れる吊り橋を渡るときには、その恐怖から自然と胸がドキドキします。

　そんなときに、目の前に女性が現れたことで、心拍数の上昇や緊張・恐怖の感情によるドキドキを恋愛感情だと勘違いしてしまったのです。帰属の間違いで起こる代表的な認知バイアスといえます。誤帰属が原因とはいえ、身体的な反応と恋愛の感情を結び付けてはいけないというわけではありません。このような認知バイアスが関係を深めるきっかけになることもあります。

「買わなかった時計」の悪い点を探すのは、「認知的不協和」の影響かも

認知的不協和とは人間が自分自身の認知と矛盾する認知を抱えた状態です。そうした状態を不快に感じ、不快に思う感情や矛盾を解消したいという心理が強く働いて、認知自体を変えてしまうこともあります。

たとえば、高価なパソコンを散々迷って買ったものの、結果として満足できず、あまり使用せずにいるとします。ただ、少し後悔しているものの、自分はパソコン選びに失敗したと思いたくないので、買ったパソコンを良いと評価している情報を必死に探します。一方で、買わなかった方のパソコンの気に入らない点や、ＳＮＳなどでの低評価などを探すことで、認知的不協和を解消します。

認知的不協和を頑張って解消しようとしている状況は職場でもよく見られます。たとえば、職場で苦手な人が同じプロジェクトにいる場合、その人の良い点だけを考えるようにして、苦手だった経験は忘れるように努力します。

苦手だと感じた経験をどうしても思い出してしまうようならば、苦手だけれども「これは仕事だから」と割り切って、感情とは別に考えて自分を納得させたりします。

認知的不協和は自己正当化でもあり、第1章で紹介した「後知恵バイアス」とも自己正当化するために認知を変えるという点で似ています。人は結果に合わせて自分の都合が良いように記憶や考え方を改変する傾向があるのです。

もちろん自己正当化のためだけに自己都合ですり替えるのは決して良いということではありませんが、ただこれも、自分の心を守ろうとするための防衛機制でもあるので、一概に悪いことであるとはいえません。

損得感情

人は損失に関わる決定をひたすら避ける――「損失回避」

序章でお伝えした「プロスペクト理論」は覚えていますか？

認知バイアスの研究でも非常に重要なので序章でお伝えしました。人は同じ額の損失を、同額の利益よりも強く感じる傾向があるとわかりました。損を極端に嫌う傾向があり、これを損失回避といいます。

損失回避はプロスペクト理論の一部です。損失を避けるために損失に関わる決定をできるだけ回避しようとする現象です。特にリスクを伴う状況で顕著なこともわかっています。

プロスペクト理論の一部なので、同じく序章でお伝えしたように「フレーミング効果」とも関係します。

フレーミング効果は情報の提示の方法が人の意思決定に与える現象です。提示が利益か損失かで人の判断が変わるので、損失回避の考え方が影響を及ぼしています。

サンクコストも損失回避と関わりの深い現象です。サンクコストは過去に投資したコストが現在の意思決定に影響を与えます。投じたコストはすでに回収不能なので、回収は考えない、もうやめた方がいいのに損切りできない状態に陥ります。

やめた方が合理的であるのに損失を回避しようとさらなる投資を正当化する点でも損失回避と関係があります。

損失回避が及ぼす影響としては他に、小さいリスクを過大評価して避けてしまったり、新しくチャレンジすることを抑制してしまったりすることも考えられます。これは現状維持バイアスにも影響します。

現状維持バイアスは簡単に言ってしまえば、名前の通り、冒険しないで今の状態を保とうとする考え方です。

米国のポラロイド社の破綻と「現状維持バイアス」

現状維持バイアスは人が変化を避けて現状を維持しようとする心理的傾向です。選択肢が与えられたとき、人は現在の状況を続ける方が安心だと感じて、新しい選択肢や変化を避けます。

何かを変化させるのにはエネルギーがすごく必要ですし、変えた先に何があるのかはわからない不安定さが決断を回避して、このままにしておこうと、現状維持バイアスが働きます。

このバイアスは経済学者のサミュエルソン、ゼックハウザー両氏による1988年発表の論文で初めて提唱されました。両氏は相続、大学教員の転職、購入する車の色などいくつかのシナリオで行動実験を実施しました。いずれの結果でも現状を維持する傾向が見られました。

たとえば、相続では大叔父から多額の財産を相続した場合、投資先として、高リスクの株式から安全な国債まで4つの選択肢が示されたら、どのようにするかを検証しました。

何の前提もないケースと、大叔父が何に投資していたかなどをあらかじめ伝えたケースで結果を比べたところ、投資内容を知らされた人は大叔父と同じ投資先を選ぶ傾向が明らかでした。

人は意思決定をする際は損失を避ける意識が働きがちです。

現状維持バイアスも損失回避から派生した傾向と考えられます。損失をかぶるリスクを避けたいという心理が現状維持を後押しします。また、サンクコストも「なかなか損切りできない」点で現状維持バイアスを強化します。

現状維持バイアスに関連する現象ではデフォルト効果も見逃せません。これについては後で詳しくお伝えしますが、人はデフォルト（初期設定）が与えられると、そこからあまり変更しようとしません。アンカリングも似た現象といえるでしょう。

これは変更が面倒だという理由ももちろんありますが、失敗やリスクを恐れて変えたくないという現状維持バイアスが働いているのです。

現状維持バイアスは私たちの日常に多くの弊害をもたらしています。何かを変えようとするときに陥るのが現状維持バイアスだからです。

「今の職場に不満があったとしてもなかなか踏み出せない」「病気になって今の治療法

に効果を感じられないが、セカンドオピニオンに踏み切れない」「生命保険を見直そうと思っても、なかなか切り替えできない」「株価が下落しても損切りできない」などなど。すべて現状維持バイアスです。

また、行政や会社の制度がなかなか変わらないのも現状維持バイアスが働いているからといえるでしょう。新たに行動を起こすよりも、思いとどまる方が精神的に楽だし、安心感があるので、「今のままの方がいい」と考えてしまいます。

特に会社にはそれぞれ「定石」があります。それは「伝統」とも呼ばれます。「定石」や「伝統」を守っていることは守っている限りは正しさを保証された気がして安心できて、心地もよいです。

ただ、「定石」や「伝統」はときに私たちを縛り、やる気を削ぎ、成果を阻害します。「定石」や「伝統」の多くは、きちんと考えた結果ではなく、単に決まり切った繰り返しとして生き延びているだけの場合が大半だからです。現状維持にこだわることで、停滞を招きかねないのです。たとえば、米国のポラロイド社が世の中の写真フィルムからデジタルカメラへの変化の流れに対応できず、経営破綻に追い込まれたのはわかりやすいでしょう。

現状を維持することは必ずしも悪いことではありません。望ましい状態をうまく設定することで、その状態を維持できれば多くの人にとってプラスの面が多いでしょう。ただ、一方で、これらの認知バイアスが意思決定者に巧みに使われると、現状を変えることが難しくなります。重要なのは「誰にとって望ましいか」の視点を持つことでしょう。現状に問題があるのにそれを認識しないまま踏襲するのは危ういといえます。

現状維持バイアスの警鐘としては「ゆでガエル理論」があります。カエルを熱湯が入った容器に入れると飛び出しますが、容器の水の温度をゆっくり上げると気づかぬうちにゆで上がって死んでしまうことがあるそうです。変化に気づいても「まあいいか」と考えている内に逃げるタイミングを失ってしまうのです。

現状維持バイアスに陥らないための回避策もあげておきます。

まず、変化のメリットを考えるのが有効です。結局、現状を変えられないのは、変えるメリットが大きい、多いと認識できないからです。会社の意思決定で現状維持バイアスが働きがちなのは、なんらかのマイナスが生じる可能性がある場合は、それがどんなに過小であっても、その判断を避けるからです。

現状を変えることで生じるマイナス面をプラス面よりはるかに大きく見積もってしま

うのです。客観的に現状を見つめ直して、プラス面を考える姿勢が重要になります。

また、スモールステップで変えてみるのも有効です。人は急な変化は避けたい傾向があります。ですから、一度に大きく変化させるのではなく、少しずつ変えることで現状維持バイアスを避けられる可能性は高まります。

「サンクコスト」で、27年間赤字を垂れ流した旅客機コンコルド

私たちは将来の行動を考えるときに、回収不能な過去のコストにこだわり過ぎて誤った選択をしてしまうことがあります。

たとえば、誰もが、面白くない映画でもチケット代がもったいないから最後まで見た経験が一度はあるのではないでしょうか。

見始めて、「これ、時間の無駄だな」と思っても、チケット代を払っているので、最後まで見てしまう。チケット代は映画館のシステム上、どう頑張っても戻ってきません。ですから、つまらないと判断した時点で映画館から退出した方が時間は無駄にならず、

合理的な判断といえます。

人によっては、クレーンゲームを何回やっても景品が取れないのにやめられなかった経験もあるかもしれません。

「もう1000円も使っているし、ここまでやったら何かを取るまでやめられない」と後に引けなくなって、さらに1000円以上使ってしまう。クレーンゲームも、今まで投資したお金は戻ってこないわけですから、何度かやって取れない時点で諦めた方が時間もお金も無駄にならず合理的です。

つまらない映画のチケット代や景品も取れずにクレーンゲームに投じたお金のように、支出されて回収不可能なコストをサンクコスト（埋没コスト）と呼びます。競馬や競輪などギャンブルで外し続けてもやめられず、予想を外すほど熱くなり、財布が空っぽになるまで続けてしまうのもサンクコストが膨らんでしまっている状況です。

このコストに基づいて意思決定すると経済的合理性に欠ける傾向にあります。すでにその時点では回収不可能なわけですから、こだわってもさらに損をする可能性だけが高まります。システム2を使えば、「今やめることで損失を最小に抑えられる」とわかるはずです。

回収不可能なものに関しては諦めて損切りする判断が合理的です。ただ、人間は投資した分を取り返したいという気持ちが強く働くため、損切りしてやめる決断ができずにズルズルと続けてしまいます。

個人だけでなく、企業の意思決定でも過去の決定にこだわり過ぎて、間違った決断をしてしまう事例は少なくありません。未来を考えるときに、過去のある時点から選択肢を評価すると、判断を誤ってしまいます。

有名なのが、イギリスとフランスで共同開発した超音速旅客機コンコルドの事例です。1960年代に開発され、巡航速度は今の最新鋭旅客機の2倍以上のマッハ2（音速の2倍）でパリ・ニューヨーク間を3時間～3時間半で飛びました。1976年に運航が開始されましたが、2003年に運航を終えています。

性能だけを聞くと凄い旅客機に思えるかもしれませんが、全く採算が合わなかったことで知られています。巨額の開発費がかかっているので250機の製造が採算ラインといわれていましたが、運航が始まった1976年には機体の製造を停止しています。わずか20機を生産するにとどまりました。

ただ、27年間、運航は続きました。コンコルドは燃費がかなり悪い上に騒音もひどく、超音速飛行ができるのが海上だけであることが運航開始前からわかっていました。採算が取れないことが想定されていたにもかかわらず、英仏両政府が債務を肩代わりして運航を継続したのです。

当然、損失はその分膨らみ続けました。損切りができなかったのです。結局、2000年に墜落事故が起こり、それをきっかけに撤退することになります。

過去の投資にこだわり過ぎて、事業をやめられない認知バイアスをこの事例から「コンコルドの誤り」と呼ぶこともあります。

バイトは「機会コスト」を考えて実行せよ！

機会コストは私たちの日常で陥りがちな認知バイアスのひとつです。

私たちの日常は選択の連続です。進学や就職などの大きな選択でなくても、昼ごはんに何を食べるか、映画を見に行くとしたら何の映画を見るかなど常に選択を迫られています。

当たり前ですが、ある選択をした場合、他の選択を捨てています。みなさんは意識していないかもしれませんが、何かを選ぶということは何かを捨てることです。

当然、選ばなかった選択肢から利益が得られた場合もあります。その利益を機会コストと呼びます。未来に得られたであろう利益を、選ばなかったために取り損ねたという観点から逸失利益と呼ぶこともあります。

先ほどお伝えしたサンクコストに似ているように思うかもしれませんが、サンクコストと機会コストは明確に違います。よく間違われるので、違いをお伝えしておきます。

サンクコストは過去の支出です。今までに使った投資がもったいなくて、損切りできない状態です。「これだけ使ったのだから、どうにかならないか」という思いが合理的な判断を阻みます。

一方、機会コストは基本的には未来の利益に対する考え方です。本来、手にすることができたかもしれないのに取り損ねたコストです。

対象とする時制が過去と未来で大きく異なります。

たとえば、アルバイトを休んで遊びに行った場合、休まずにアルバイトをして得られた収入が機会コストになります。

このときに、遊びに行って楽しかったら何の問題もありません。ただ、あまり面白くない場合もあります。「こんなにつまらなければ、行かなければよかった。バイトでもしていれば……」となると、「後悔」が生まれます。

なぜ、このような後悔が生まれるかというと、自分で選んだ選択肢で得られた利益よりも、選ばなかった選択肢で得られたであろう利益が大きいと感じるからです。自分が選択した利益が選ばなかった選択がもたらす利益よりも価値が上回れば特に後悔は起きません。遊びに行って楽しければ何の問題も起きないのは、そのためです。

もちろん、選ばなかったものが何をもたらしたかは、人の想像でしかありません。アルバイトに行って事故に遭うかもしれませんし、接客業のアルバイトだったらお客さんに難癖をつけられるかもしれません。考えたところで完全に損得は予測できない一面はあります。

とはいえ、機会コストを全く考えていないと後悔する確率も高まります。機会コストを考えないということはシステム1で判断してしまうことが原因にあります。選択肢を熟慮して決めていないからこそ、後になって「そっちの方が良かったのではないか」と考えてしまうのです。「先のことはわからないから考えてもムダ」という態度だと後悔ばかりの人生になりかねません。

「宿題をやりなさい」がナンセンスなのは「心理的リアクタンス」があるから

心理的リアクタンスは自由や選択肢が制限されると、それに対して反発や抵抗を感じ、制限された行動をむしろ取ろうとする心理的傾向です。

たとえば、親に「宿題をやりなさい」と言われれば言われるほど、やりたくなくなったり、職場の上司にアドバイスされると、そのアドバイスに従わない方法をとりたくなったりすることが当てはまります。誰かに無理に説得されたときに反発する力が作用します。これが心理的リアクタンスです。

説得と心理的リアクタンスの面白い実験があります（Silvia, 2006）。健康的な食事を勧める場合、強制的なメッセージと、自由を尊重するメッセージの2パターンを提示して、調査参加者がどのように反応するかを調べました。

結果は強制的なメッセージはリアクタンスを引き起こし、反発する人が多く、自由を尊重するメッセージはリアクタンスを抑制できていました。

無理やり説得しても共感を得られないのは想像がつくかもしれませんが、この実験が興味深いのは、そうしたリアクタンスの大小が行動にもつながることを明らかにしていることです。

リアクタンスが起きても、それを行動に移すかは別の問題です。あくまでも心理的リアクタンスは反発したくなる気持ちなので、実際にその感情に従って行動するにはハードルがあります。

ただ、この実験では強制的な説得をして反発が生じると、健康的な食事はせず、自由を尊重するメッセージでリアクタンスが抑えられると健康的な食事をとるようになることが明らかになっています。

ですから、人に何かを頼んだり、説得したりする際には心理的リアクタンスをできるだけ小さくするアプローチが重要になることをみなさんも覚えておくとよいかもしれません。

絶対見るなと言われると見たくなる――「ブーメラン効果」

心理的リアクタンスによって引き起こされるのが、ブーメラン効果です。説得しようとしたり、影響を与えようとしたりしたときの行動や説明が逆効果になってしまうことです。

みなさんも「絶対に見るな」と言われたら無性に見たくなるはずです。「誰にも言わないでね」と言われたら、言いたくてたまらなくなるはずです。これもブーメラン効果です。

実際に実験で証明されています。公衆トイレの落書きを調査した有名な実験(Pennebaker & Sanders, 1976)があります。トイレに「絶対、落書きをするな」と張り紙をした場合と、「落書きしないようにお願いします」と張り紙をした場合では、前者では落書きが増加し、後者では減少しました。

心理的リアクタンスによって強い言葉の説得が逆効果になるので、たとえば広告や教育の現場でどのような言葉を使うかは重要になります。先ほどの実験とは別ですが、お願いしたり、依頼したりする場合は、命令調や弱い口調ではなく、その中間くらいの言い回しが最も効果があることを示した実験もあります。

「選択的アーキテクチャ」で、学生に健康的な食品を選ばせよ！

では、心理的リアクタンスを引き起こさないためにはどうすればいいのでしょうか。具体的な方法のひとつに選択的アーキテクチャというのがあります。これは選択肢を工夫した制度設計です。

人々の選択に影響を及ぼす設備などの物理的な構造や見た目、情報提供の方法などの枠組みを工夫することで、リアクタンスを引き起こさないようにうまく誘導して選択させます。人は選択肢に自由度がなかったり、選んでほしいメッセージを強制されたりすると反抗したくなるので、そのように感じさせない仕組みをつくります。

これはナッジ理論の一種です。「そっと後押し」することを意味するナッジは、強制することなく、また、経済的なインセンティブなどを与えることなく、人々により良い選択を促す枠組みです。

選択的アーキテクチャとナッジはほぼ同じなのですが、これに関する有名な実験があります。

学校のカフェテリアで健康的な食べ物を取りやすい位置に、たくさん食べると健康に害を及ぼすお菓子などの食べ物を取りにくい位置に配置しました。生徒が選んだ食品の割合を測定したところ、取りやすい位置に置いた健康的な食品を選ぶ生徒が大幅に増加しました。

また、目線の高さに配置した食品を選ぶ確率が高く、目線の高さと食品の選択率に高い相関関係が示されました。選択肢の置き方や提示の仕方で抵抗を感じさせずに無意識に人を誘導できることを示しています。

余談ですが、選択的アーキテクチャに似た考え方にアフォーダンスがあります。選択的アーキテクチャは制度設計で意識的に誘導したいという意図がありますが、アフォーダンスは物が持つ性質を利用して、人の無意識の行動を誘発するという違いがあります。

たとえば、ドアを開けるとき、押すか引くか、瞬時に判断できるのはなぜでしょうか。これは持ち手を工夫しているからです。引く側に取っ手を付け、押す側には平板を付けておけば迷いません。普段なにげなく使っている場所や物にもこのような考えでデザインされたり設計されたりしたものがたくさんあります。

フランスで9割以上が「臓器を提供する」と意思表示しているワケ――「デフォルト効果」

心理的リアクタンスを回避するにはデフォルト効果も有効です。望ましいと考えられる選択肢をデフォルトにして、異議がある場合に申告するように設定しておくとリアクタンスを起こさずに、行動が促進されます。

このデフォルトを変えることで行動が大きく変わる例のひとつが臓器提供です。日本で臓器提供について統計（内閣府「移植医療に関する世論調査」2017年）を見ると、自分が脳死と判断された場合、臓器を「提供したい」「どちらかといえば提供したい」と回答した人は約4割いましたが、実際に運転免許証や保険証などの臓器提供意思表示欄に自分の意思を記入している人は約1割に過ぎませんでした。

一方で、フランスやオーストリアなどは臓器提供の実質同意率が9割以上となっています。「9割以上が臓器提供の意思を示すなんて凄い」と思われたかもしれませんが、これにはカラクリがあります。

それらの国では、臓器提供したい場合に特別に意思を示す必要はありません。むしろ、提供したくない場合にドナーカード（臓器提供意思表示カード）に記載する必要があるのです（これをオプトアウト方式といいます）。だから、何も記載がない場合は同意していると見なされます。

人はデフォルトを変更するときに「損失を感じたくない」という損失回避も働きますから、大きな不都合がない限り、人はデフォルトを受け入れやすいのです。実際、日本以外でも臓器提供の同意率が低い国では臓器提供をしてもよいと考える人が意思表明する仕組み（オプトイン方式）になっています。


ですから、利用を促進したい制度であれば、それをデフォルトに設定して反対意見の人が申し出る仕組みにすればいいのです。たとえば、千葉市は男性職員の育児休業取得率が9割を超えましたが、これはデフォルト効果によるものと指摘されています。千葉市では男性職員が育児休業を取ることを基本とし、取らない場合には自ら理由を申告するように運用を変更しました。

これまでの必要な人が申告する制度を180度転換させたのです。その結果、男性の育児休業取得率は劇的に上がり、9割を超えました。

このように、デフォルトを変更しただけで、利用が一気に進むことはたくさんあるはずです。ただ、当然、注意も必要です。リアクタンスを起こさずに、選択できるということはデフォルト効果を人の選択や行動を無意識にある方向に向ける手段としても使えます。心理的リアクタンスというバイアスをデフォルト効果という違うバイアスで解消している面もあります。

たとえば、3カ月無料の動画配信サービスに加入したものの、契約は自動更新がデフォルトのため、やめられずにズルズルと加入し続けてしまっているような例はみなさんも身に覚えがあるはずです。企業や行政にこのバイアスを狡猾に使われてしまって、結果、踊らされてしまっている……というようなことが起きる可能性もあるのです。

信じる心

「信念バイアス」で人は、食塩水とモルヒネを間違える

信念バイアスは、信じる心が思い込みを引き起こす心理的傾向です。
論理的に推論したり、判断したりするとき、結論について自分の信念や自分の知識と一致しているかどうかで評価してしまいます。自分の信じていることと合っているかどうかで評価して、良いことか悪いことかを決めてしまいます。

このバイアスに陥ると、論理的ではない結論に対しても、自分の信念とその結論が一致していれば論理的と見なします。反対に論理的に正しい結論であったとしても、自分の信念と一致していなかったら、その結論は間違っていると見なしてしまいます。

身近な例としては偽薬（プラセボ・プラシーボ）効果があります。実際には効用のない偽の薬を飲んでも効用があると本人が信じているときに効果が現れる現象です。ある病院で虫垂炎手術後の痛みに対して、生理的食塩水を注射して「モルヒネを注射しましたよ」と言うと35％の患者の痛みが治まった調査があります（Beecher, 1955）。確かに、薬も飲まず、心身にダメージを与えず治療できれば理想的ですが、偽薬効果が生じる範囲は限定的であるともいわれています。

人は結局、聞きたい情報しか聞かない――「確証バイアス」

確証バイアスは自分の考えを支持したり、物事を肯定したりする情報ばかり集め、反証の情報はあまり集めない、反証の可能性についてはあまり考えずに判断を下してしまう傾向です。極論を語れば、人は聞きたい情報だけを聞き、見たいものだけを見て、それ以外を無視しようとします。

たとえば、わかりやすいのがワンマン社長です。自分が主張する方針に一致する情報だけを議論させて、それに反する事実や証拠は捨象されてしまいがちです。

「偏った人の話でしょ」「私はフラットな視点を持っている」「常に客観的に見ている」

図表11　4枚カード問題

・4枚カード問題（Johnson-Laird & Wason,1970）

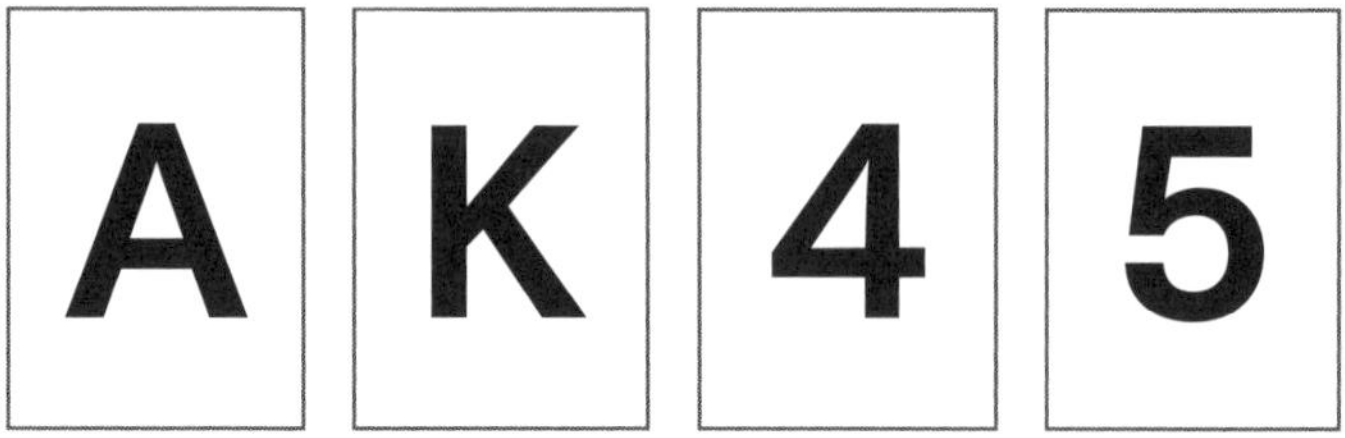

という声も聞こえてきそうですが、多くの人が知らず知らずのうちに確証バイアスの罠にはまってしまっています。

有名な心理学の実験を2つ紹介します。

4枚のカードにアルファベットと数字が書かれています。みなさんにはあるルールが正しいかを調べるためにどのカードをめくる必要があるかを試してもらいます。

「A」「K」「4」「5」という4枚のカードがあります。どのカードにも表にはアルファベット、裏には数字が書いてあります。「表が母音なら、裏は偶数」というルールが守られているかを確認したいとき、最低限どのカードをめくればいいでしょうか。

実験の結果では、「Aと4」を選んだ人が46％、「A」だけを選んだ人が33％、「Aと5」を選んだ人は4％でした。

正解は「Aと5」です。選んだ人はわずか4％ですから、正しく推論することがいかに難しいかを物語っています。

なぜ、「Aと5」なのかを解説しますと、「表が母音なら、裏は偶数である」というルールを確認するためには、4枚の中で唯一の母音のカードである「A」はまずめくらなければなりません。

ただ、みなさんの多くが選んだ「4」は選んでも意味がありません。なぜならば、表が子音の場合は何の制限もないからです。このルールでは「裏が偶数なら、表は子音」であっても問題がありません。子音の裏は偶数でも奇数でもどちらでもよいのです。ですから、よく考えると、裏が偶数（たとえば4）であってもその表が子音でも母音でもよいことに気がつくはずです。

では、なぜ、「5」をめくる必要があるのでしょうか。もし「5」の表が「母音」の場合、「表が母音なら、裏は偶数」のルールに違反していることになってしまうからです。

このように人はルールの肯定的特徴（これが正しいなら、こうなる）にのみ注意を向けがちで、反証の可能性の確認（これが正しいとすると、こうはならない）を見逃す傾向があります。つまり、反証をうまく利用できずに、確認する証拠を探す傾向がありま す。確証バイアスにより、推論を誤ってしまうのです。

もうひとつテストです。

2―4―6という数字があります。この数字の規則性を考えて、仮説を立ててその仮説に則った数列を私に示してみてください。

多くの実験参加者は「2ずつ増えている」「連続した2の倍数」と仮説を立てて、「8―10―12」「20―22―24」のような数列を示しました。示した数列は合っていますが、根拠は間違っています。

実は正解は単なる上昇系列です。つまり、数字が増えるだけの数列です。ですから、1―2―3でもいいし、2―3―4でも正解です。「ただ数字が増えていくだけの数列」が規則性の答えなので8―10―12も20―22―24も正解ですが、根拠は「連続した2の倍数」ではありません。

「いや、連続した2の倍数でもあるでしょ」と思われるかもしれませんが、「連続した2の倍数」の数列であると確認したければ、反証の仮説も示さなければいけません。たとえば、3―6―9のように3の倍数の数列を示して確認する必要があります。2の倍数の数列以外が間違っていることを示さなければ、2の倍数の数列であるとは証明できないのですが多くの実験参加者は2の倍数の数列だと仮説を立てたら、そればかり試します。

人は初めの段階でひとたび「これはこうに違いない」と思ってしまうと、先入観をひたすら補強するクセがあることがわかります。

「来年の新入社員はデキる」の予測が外れるワケ——「妥当性の錯覚」

妥当性の錯覚は人間が自分の行動や意見、見解が正しく、それに基づいた結果や判断が妥当であると過信することです。偶然であっても、限られた情報でも、一貫した行動やパフォーマンスを見せた場合、実際にはその根拠は不確かにもかかわらず、予測に対する自信が高まります。

たとえば、会社の人事採用担当が「来年の新入社員はとても優秀だ」と話していたとします。新入社員が入社後にどのような働きを見せるかは、採用時の書類や面接だけで見抜くには限界があります。

ただ、不思議なことに「今回は面接官の推す人材がほとんど一致した」「社長も来年の新入社員を高く評価している」などの理由で過度な自信が生まれがちです。

それほど当てにならない自分の予測に対して、過度の自信を持ってしまうのです。

厄介なのは、ほとんど当たらないことが過去の事例からわかっている場合にも、変わらずにこのバイアスは維持されます。ですから、毎年のように「来年の新入社員」の評価が繰り返されるのです。

31 歳独身のリンダと「代表性ヒューリスティック」

私たちは直感的に物事を判断しがちです。特に代表的、典型的な事項の確率を過大評価しやすい意思決定のプロセスを代表性ヒューリスティックと呼びます。

代表性ヒューリスティックは与えられた情報が典型例とどのくらい似ているかで確率や傾向を判断してしまうため、しばしば誤った結論を導きます。

図表12 **リンダ問題の解説**

①の方が可能性としては高いのに②を選ぶ＝連言錯誤

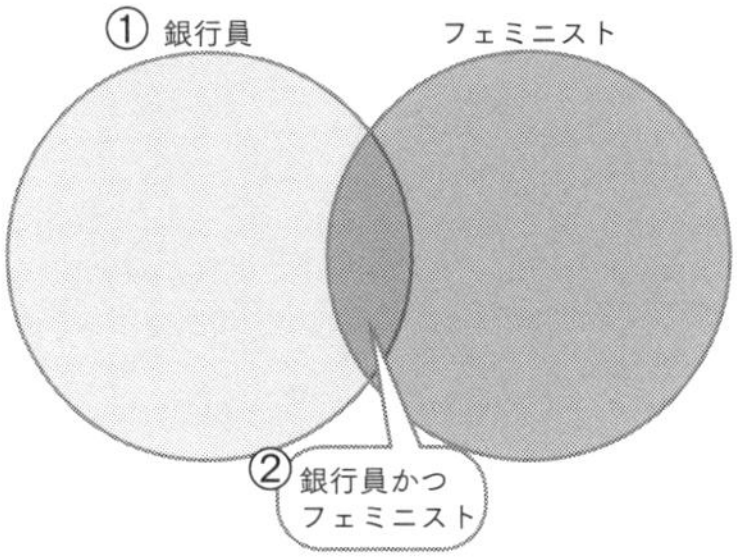

・認知バイアスの「代表性ヒューリスティック」により②を選ぶ

次の問題を考えてみてください。

リンダは31歳、独身で、積極的に発言する非常に聡明な人です。大学では哲学を専攻し、学生時代には差別や社会正義の問題に関心を持っていました。また、反核デモに参加していました。

現在のリンダについて推測する場合、どちらの可能性が高いと思いますか？

1、リンダは銀行員である。

2、リンダは銀行員で、フェミニスト運動もしている。

これは「リンダ問題」と呼ばれ、みなさんのバイアスを知る上で興味深い質問です。

多くの人が2を選択しがちです。ただ、冷静に考えれば、「リンダが銀行員であり、なおかつフェミニストである」確率は、「リンダが銀行員である」確率より必ず低くなります。ですから、正解は「リンダが銀行員である」なのですが、多くの人が「リンダは銀行員で、フェミニスト運動もしている」を選んでしまいます。

これは、リンダのプロフィールが、一般的な「フェミニスト」の典型例と似ているためバイアスがかかってしまうからです。

このように、2つの事象が同時に起こる連言事象（銀行員かつフェミニスト）の方が、元の単言事象（銀行員）よりも生起しやすいと誤って判断される現象を、連言錯誤と呼びます。

「フェミニスト」という言葉が入っている連言事象の選択肢2の方が、単言事象の選択肢1よりももっともらしく見えることから起こると考えられます。

ペンギンやダチョウを鳥だと思えるのは「ステレオタイプ」のおかげ

ステレオタイプは特定のグループやカテゴリに属する人に対して抱く固定観念や一般化されたイメージです。

「ステレオタイプ」と、日常会話で使っている人も多いはずです。

ステレオタイプは私たちの日常生活に欠かせません。たとえば、空を飛んでいる生き物を見れば、多くの人は「鳥だ」と認識します。正式な名称や種類がわからなくても、見たことがない生き物でも「空を飛んでいて、くちばしがあって、体が羽毛でおおわれている」と鳥だと判断できます。

このように、日常生活で迅速に判断しなければならないとき、システム1（速い思考）を作動させるのにステレオタイプは非常に有効です。

ただ、弊害もあります。私たちはステレオタイプを使うことで、個々の特性や事実を無視し、グループ全体に対して同じ特徴を持っていると判断してしまうからです。その特徴に当てはまらないものを無視します。

ですから、鳥は飛ぶものというステレオタイプが形成されると、小さい子どもなどは初めてペンギンやダチョウを見ても鳥だと認識できない可能性もあります。

ステレオタイプは社会的、文化的な影響や過去の経験から形成されるため、偏見や誤解を生む原因にもなります。たとえば、人種や職種に対してステレオタイプを持つことで、差別につながる可能性もあります。

医師は「ステレオタイプ」を重視する⁉

ステレオタイプと代表性ヒューリスティックの関係についての事例をひとつ補足しておきます。

ステレオタイプをよく使っている職業が医師です。代表性ヒューリスティックに基づいて判断を下す傾向があります。

医師は患者の様子と病気の典型的な症状（ステレオタイプ）を照らし合わせて、病気を特定します。それを検証した論文では、心臓発作の典型である胸痛の患者には心臓発作と診断する可能性が高く、逆に非典型な症状しか示していない場合には、心臓発作なのに心臓発作の可能性を低く見積もる傾向にあることが海外の研究（Redelmeier & Trevsky. 1950）でわかっています。

代表性ヒューリスティックによって、心臓発作のリスクが高い患者が見逃されたり、誤診されたりする可能性がありうることが明らかになっています。

また、この研究では、患者の様子が特定の病気の典型例に近い場合、違う例を検討しない傾向にあることも示しています。典型的な症状に過度に依存することは、患者が示す非典型な症状を軽視する結果につながります。非典型な症状だけれども本当の病気のヒントがあったにもかかわらず、あまりにも他の病気の典型的な症状が出ていたために、診断の正確性が損なわれた可能性があります。

特に、一般的ではない病気の場合や、女性や若年層など特定の集団に典型的でない症状が現れた場合に問題が起きる確率が多かったそうです。

医療の事例だけでなく、典型例にばかり依存し過ぎると問題が起きることは現実世界で少なくありません。どのような仕事でも過去の事例を参考にしながら目の前の事例を判断しますが、典型例に頼り過ぎていると、その他の要素を軽視し過ぎることになります。

典型例から漏れてしまった要素に大きなヒントがあることはよくあります。効率的に判断しようと思うばかりに、正しい判断ができない可能性もあるのです。

A型の人は真面目な人――「錯誤相関」

ステレオタイプと関連するバイアスに錯誤相関があります。錯誤相関は2つの事柄の間に本当は存在しない関係性を見出してしまう傾向です。

たとえば、「A型の人は真面目な人」「赤い下着をきると試合に勝つ」「満月の夜に異常行動が多い」などが当てはまります。

錯誤相関が起こるのにはいくつかの原因があります。

ひとつがステレオタイプや偏見です。

わかりやすい例が血液型と性格です。「A型は真面目」「O型はおおらか」などとよく言われますが、血液型と性格は科学的には何の関係性もありません。ただ、多くの人がいまだに関連性を見出しがちです。これは性別（男性は理系科目が得意、女性は文系が得意など）にも同じことがいえます。

2つのことが偶然同時に存在したり、起きたりするときも錯誤相関に陥りがちです。あることが同時に存在したり、起きたりする場合は偶然であっても因果関係があるものだと勘違いしてしまう傾向があります。

たとえば「赤い下着をきると試合に勝つ」のようなジンクスを大事にする人は少なくありませんが、冷静に考えると赤い下着と試合には何もつながりはありません。2つのことが同時にあったり、起こったりしてもそこに関係性があるかどうかはわからないのです。

目立つ情報だけが強調されるときも気を付けなければいけません。

人はそもそも目立つものに注目しやすい傾向を持っています。少数派の人は珍しいので目立ちます。また、悪い行いをする人も目立ちます。ですから、犯罪報道などで、ある特定の組織や集団が目立って取り上げられると、その組織全体に対して犯罪率が高いというイメージを持つようになる傾向があります。

関連がないのにパターンを見出してしまうときも錯誤相関が働く傾向があります。

人は何事にも理由を求めがちです。一貫した解釈をしたがります。「満月の夜に異常行動が多い」のように、無関係や無関連なことにも意味づけする傾向があります。

ただ、このような思考の傾向は必ずしも悪いこととはいえません。もちろん、この結果として差別などを生み出す可能性もあります。一方、関連のない概念を結び付けて意味を持たせることで、これは運命だと感じることができたり創造的な発明などにつながる可能性もあります。

では、私たちはどのようにすれば錯誤相関を避けられるでしょうか。

まず、自分の信念や考えだけで判断をしないことが重要になります。感覚や感情や直観に依存しない、つまりシステム1に依存しない姿勢が求められます。そのためには、事例をできるだけ集めて判断をする必要があります。できれば統計的な視点で正確に把握しましょう。錯誤相関だけではありませんが、認知バイアスに陥らないためには、客観性、証拠を重視する姿勢が不可欠です。証拠を確認したり客観視を心がける批判的思考を常に意識しましょう。

「批判的思考」とは何か？

認知バイアスに陥らないために、重要な決定や行動をするときは批判的思考（クリティカルシンキング）を働かせてみるとよいでしょう。

図表13 批判的思考の構成要素（楠見, 2011）

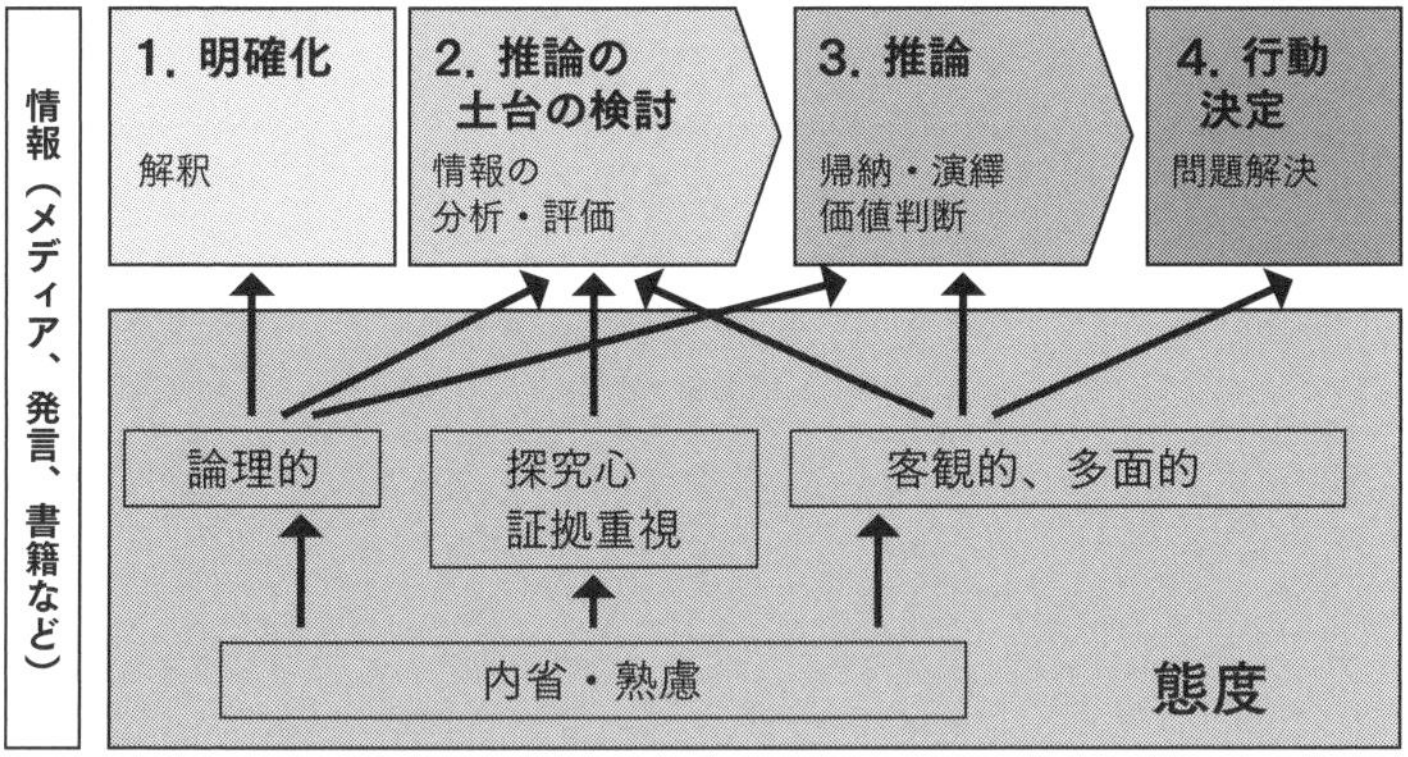

出典：楠見孝・子安増生・道田泰司（編）（2011）.『批判的思考力を育む：学士力と社会人基礎力の基盤形成』. 有斐閣

批判的思考と聞くと、批判するの？と思われる方もいると思いますが、そうではありません。英語ではクリティカルシンキングといい、分析的に物事を見る思考という意味です。日本語に訳すときに、クリティカルを批判と訳しましたが、確かにすべてを鵜呑みにしてしまうこと等に対しても、一度、批判的に見てみようということも含まれますが、何もかも否定するということではありません。日本の批判的思考の研究者は批判的思考を「相手の発言に耳を傾け、論理や証拠、感情を的確に解釈すること。自分の考えに誤りがないか振り返ること」と説明しています。

批判的思考のプロセスは図表13のようになっています。①明確化、②推論の土台の検討、③推論、④行動決定、と進んでいきます。

何か判断をしたり決定をしたり、行動をしたりする前に、主にシステム2を働かせる思考となります。批判的思考には5つの態度が重要です。「論理的に考えてみる」「証拠を重視する」「探究心を持つ」、「客観的・多面的に見てみる」「熟慮する」という態度です。

また、このような態度を意識して、推論しながら考えていく批判的思考のプロセスには「メタ認知」を働かせることも重要だとされています。

みなさんも重要なことを判断したり、行動をしたりする前に、批判的思考のプロセスを参考にしてみてください。

勝手に選ばされるのは良いことなのか？

さて、本章の最後にみなさんに少し考えてほしいことを示しておきます。

本章で出てきたバイアスの中でも最近特に注目されているのがナッジです。ナッジは人が望ましい行動をとれるように支援するアプローチです。人が選択することを避けることを狙ったデフォルト効果などと組み合わせて、諸外国では臓器提供者を増やすことにもつながっている例は本章でお伝えしました。健康の増進＝社会全体の保険料を下げる、環境の美化などにナッジは使われています。

ただ、本人自身も気づかないうちに行動を変えるという側面があります。本人の自覚なしに特定の方向に考えを向けさせることは許されることなのかという議論もあります。個人の自由な意思決定や自律性を阻害しているのではと懸念を表明している研究者もいます。

とはいえ、結果的に社会全体のためになっているわけですから、ナッジのやり方や透明性を高めればいいという研究もあります。さすがに無意識に特定の方向に向けさせるのは問題だから、誰もがわかる形でナッジのメリットやデメリットを説明したり、信頼性を高めたりすることが重要だとの指摘です。

もちろん、それはある一定のリテラシーが高い人を前提にした議論かもしれません。社会的に立場が弱い人や認知能力が高くない人は、いくら政府がナッジについて透明性を高めたとしてもどこまで浸透するかは不透明です。ですから、立場によって不公正に働く可能性があるという批判もあります。

たとえば、新たな社会保障のサービスでデフォルト効果を使う場合、意思表明の項目は初期のまま、デフォルトの項目のままにしてしまうことで自覚なしに不利益を被る人が出てくるはずです。

最近は、ナッジは効果が続かないのではという議論もあります。仕向けられていることを知らずに選択した人が果たして、その選択を変えないのか、そんなうまくはいかないのではという指摘です。もし、行動を促せたとしても、それに気づいた場合はむしろ心理的リアクタンスが大きく働いて、かえって反発を食らって、今後、政府の言うことは聞かないと態度を硬化させるかもしれません。無意識に仕向けることに対しては何かしらの反動は予想されます。

ナッジで介入することによって、一時的に効果は出るかもしれないが、持続するかどうかはわからないと指摘している研究者もいます。

まとめ

» 「感情」に関わる認知バイアスには、大きく「好き嫌い」や「損得感情」、「信じる心」があり、これらが思い込みを引き起こす。

» 「好き嫌い」には、「感情移入ギャップ」や「気分一致効果」「感情ヒューリスティック」「認知的不協和」などがあり、好き嫌いの感情から人はさまざまなバイアスを生み出していることがわかる。

» 「損得感情」には、「損失回避」や「現状維持バイアス」「サンクコスト」「機会コスト」などがあり、損得感情から人はさまざまなバイアスを生み出していることがわかる。

» 「信じる心」には、「信念バイアス」や「確証バイアス」「妥当性の錯覚」「代表性ヒューリスティック」などがあり、信じる心から人はさまざまなバイアスを生み出していることがわかる。

CHAPTER 3

人

「周りの人」が思い込みを引き起こす

個人

「期待効果」で、選手の成績を劇的に上げよ！

第1章で「思考のクセ」にまつわる認知バイアスを、第2章で「心（感情）」にまつわる認知バイアスを学びました。この2つは「自己の内部」に存在する認知バイアスです。

しかし、外部の要因も、認知バイアスを引き起こします。周りに人が存在するだけで、存在しないときとは違う判断を下してしまうのです。

第3章では、認知バイアスを引き起こす要因のうち、「人」にまつわる認知バイアスを学んでいきましょう。

そして、第3章の第1節では、「人」の中でも「個人」によって引き起こされるバイアスを紹介していきます。

他者から期待されることによって実際に高いパフォーマンスができるようになる傾向を期待効果と呼びます。ギリシャ神話の王様（ピグマリオン）が象牙の女神を愛でていると、その象牙に命が宿って結婚することが叶った話に基づいて、ピグマリオン効果とも呼ばれています。提唱した研究者のロバート・ローゼンタールにちなんでローゼンタール効果ともいいます。

日本のことわざの「豚もおだてりゃ木に登る」に近い概念です。木には登らない豚も、褒めたり、木に登れるよと期待されたりしたら、木に登ってしまう。通常ならば起きないことも起きるわけです。

たとえば、会社の上司と部下、スポーツのコーチと選手、教師と生徒、親と子ども、友人同士まで期待効果は確認できています。どのような人間関係も相手に期待されるから、やる気になって頑張る傾向があります。

この現象は1960年代に教育現場で教師の期待によって生徒の成績が向上すること

が示されたことから、マネジメントや研修でもよく利用されています。期待しているよと相手に伝えることで生産性を上げる狙いもあります。

課題は「絶対にできる」と考えた方がいい――「自己効力感」

期待されればやる気が出ます。心理学のやる気の研究、動機づけの研究に「自己効力感」というものがあります。これは期待効果と非常に関係が深いのでお伝えします。

自己効力感は課題に対して、取り組む前に、自分ならできるか、どの程度やり遂げられるか、成果を出せるかなどと考える自己評価のことです。

日々の仕事でも大きなプロジェクトに挑戦するときでも、自信がある場合もあれば、ない場合もあると思うのですが、「やればできる」と事前に思っている方が、長く粘り強く取り組めることが明らかになっています。

その課題が結果的に成功するか失敗するかはわかりませんが、根気強く取り組めれば成功する確率は高まるでしょうし、諦めずに粘り強く頑張っていれば何か違う発見があるかもしれません。もし失敗しても次の課題にも積極的に取り組めます。

ですから、できるかどうかわからなくても「絶対にできる」と考えた方がいいのです。

すぐ諦めてしまうと、良い結果を生まない可能性も高くなって、何も得られません。そうすると、さらに自分はできないと思ってしまって、負のサイクルに陥りかねません。自己効力感を高めることは非常に重要なことです。

余談ですが、自己効力感と似た言葉に自己肯定感があります。補足しておきますと、自己肯定感は文字通り自分を肯定する気持ちです。自己効力感は向き合っている課題をどの程度自分はできるのかと思う見積もりなので全くの別物です。

まとめると、自己効力感は自分が必要な行動をとって結果を出せると考えられることです。ですから、自分は目標を達成できると自信を持てる状況でしたら自己効力感は高いといえます。反対に自分にはできそうもないと感じている場合は自己効力感が低いといえます。

自己肯定感と似ていますが、自己肯定感の対象は過去や今の自分です。一方、自己効力感は目の前にある解決しなければならないことに対して「達成できるか」どうかなので、対象は未来の自分です。

自己効力感を高める方法が心理学ではいろいろ研究されています。一番は、成功体験を積むことですが、他にも、過去の成功体験を思い出したり他の人の成功を観察したり、成功を想像したりすることでも向上するとされています。

他者が「言葉で褒める」ことも非常に有効であることがわかっています。他者に期待していると伝えられること、つまり、期待効果は自己効力感を高めることにもつながります。

セリグマンの犬と「ゴーレム効果」

「他人の期待でそんなにパフォーマンスが変わるかな」と思われるかもしれませんが、実際、期待されないとやる気が低下して、パフォーマンスが下がる傾向になることも明らかになっています。これをゴーレム効果と呼びます。人間は期待されれば頑張れますが、期待されないと頑張れないのです。

誰にも期待されず、パフォーマンスが低下した状態が長期にわたって続くと、「自分は何をやっても駄目だ」と思うようになります。その結果、「何をしても状況が変わらないから何もしない方がいい」と考えるようにすらなってしまいます。これを「学習性無力感」と呼びます。1960年代にマーティン・セリグマンが「セリグマンの犬」という有名な実験で学習性無力感を発見しました。

セリグマンは床に電気ショックが流れる2つの部屋にそれぞれ犬を1匹ずつ入れました。片方の部屋はジャンプすれば柵を越えられ、もう片方の部屋は柵が高く飛び越せません。ブザーを鳴らし、双方の部屋に幾度か電気を流した結果、柵の低い部屋の犬はジャンプして逃げました。高い柵の犬は、しばらくは逃げようとしていましたが、次第に飛び越えられないと諦めて、無抵抗になり電気ショックを受け続けました。

つまり、自分の努力で今のつらい状況を変化させることができなくなると無力感を学習します。何をやっても駄目だということを学習してしまうのです。その結果、諦めの境地に入り、現状を変える意欲どころか、逃げ出す気持ちも起きなくなるのです。その最初のきっかけとなるのが「他人からの期待」の低さでもあります。

「お前は駄目だ」と言われ続けたり、無視し続けられたりすることでパフォーマンスが低下するゴーレム効果に陥って、それが継続すると学習性無力感につながりかねないわけです。みなさんが思っているよりもみなさんの相手への期待は重要な役割を果たしているのです。

なぜ見た目が陸軍指揮官の評価に影響したのか？――「ハロー効果」

ハロー効果は他者の目立ちやすい特徴がその全体の評価に強い影響を与える認知バイアスです。外見が魅力的な人は仕事ができると思いがちなのはまさにこの現象です。

心理学者のエドワード・ソーンダイクの陸軍の指揮官を対象にした研究が有名です。指揮官たちは兵士の外見や他の性質が顕著に優れている場合、知性や勤勉さなど、他の性質についても高く評価する傾向があることを示しました。外見と知性や勤勉さは全く無関係な資質ですが、ひとつの側面で良い印象を持つと、その人の他の面にもポジティブな印象を持つことが実験では表れたのです。

会社での人事評価や学校での教師の生徒への評価などにもこのバイアスが影響を与える可能性があることを示唆した結果になっています。

ソーンダイクの実験は1920年と古いのですが彼が指摘したように私たちの日常にはハロー効果があふれています。たとえば、採用の面接のときに外見が良い人や服装が良い人をスキルがあると高く評価してしまいがちです。外見や服装とスキルは別物なので、外見が良くてスキルも高い人もいれば、外見が良くてもスキルが低い人もいるのですが、外見や服装が良い人を「できる」と評価する傾向があります。

また、教育の現場でも教師は成績の良い子は性格も良いと評価してしまう可能性があります。当然、成績の良さと性格の良さは別次元です。成績が良くても性格が悪かったり、成績が悪くても性格が良かったり、人それぞれのはずですが、「成績が良ければこの子は良い子だ」となりがちで、それが、えこひいきにつながることもあります。

もちろん、人が人を客観的に評価するのは簡単ではありませんが、こうしたバイアスが働くことを意識しているかどうかが重要になります。教育現場では、当たり前ですが生徒を公平に評価しなければならないので、教育心理学などの授業ではハロー効果について詳しく学ぶことになっています。

ハロー効果の反対は「ホーン効果」

ホーン効果は「逆ハロー効果」とも呼ばれています。他者のひとつの側面が悪いと思ったら、その印象に引きずられて他の側面もすべて悪いと思ってしまう現象です。

たとえば、採用の試験で希望者が面接官の好みではない洋服を着ていただけで、面接の評価が下がったり、生徒のひとつの悪い行動にひっぱられて、その生徒の他の能力を否定的に見てしまったりすることなどが当てはまります。人を「色眼鏡」で見ている状況です。

本来ならば採用希望者や生徒がどういう能力を発揮するかを見なくてはいけないのですが、その前から「この人はこういう人だ」と決めつけて見てしまっているわけです。人には一貫性のバイアスがあることはすでにお伝えしましたが、独立する事象でもつなげて考えてしまう傾向があります。ハロー効果もホーン効果も視点が固定されてしまっているときに陥りがちです。客観的な評価基準や多角的な視点を心がけることが認知のゆがみに陥らないポイントといえます。

アイヒマン実験と「権威バイアス」

権威バイアスは人が権威ある人物や専門家の意見や指示に従いやすく、その影響を受けて判断や意思決定をゆがめてしまう現象です。

米国の心理学者スタンレー・ミルグラムの実験が有名です。彼はユダヤ人大量虐殺の実行責任者だったナチス将校の名にちなむ、通称「アイヒマン実験」で「人は容易に、権威に服従し、良心に反する命令にすら従ってしまうこと」を立証しました。

罰が学習に与える影響を調べるとの名目で集めた実験協力者を、先生役と生徒役の2つに分けました。

先生役には、別室の生徒役が回答を間違えるたび電気ショックを与えるように指示しました。電圧は15ボルト刻みで、上限は命の危険もある450ボルトに設定されていました。

この実験にはカラクリがあって、先生役以外はサクラで、電気ショックも偽物です。実験の狙いは、権威（実験の指示役）に、人はどの段階で反抗するか試すことにありました。

何も知らない先生役は隣室からうめき声が聞こえ始めると、ためらいましたが、実験の指示役に「うめき声が聞こえるかもしれませんが、全く問題ないですよ」と促されると、生徒の声が助けを求める絶叫に変わっても、電圧を上げ続けました。結局、40人中25人（62・5％）の参加者が最も激しいショックを与えました。人が死ぬかもわからない電圧と知りながらも促されるがままに行動したのです。

ミルグラムの実験は、設定がかなり極端な状況ですが、私たちの日常の生活でも権威を持っている人や肩書が偉い人の指示を信じてしまう傾向があります。

たとえば、職場では偉い人の主張には誰も異論を唱えることなくプロジェクトが進みがちです。明らかに間違っているのに、上司に意見することができないため、プロジェクトはおかしな方向に進み、後戻りできなくなるケースは珍しくありません。本当に自由にコミュニケーションできるのであれば相手が偉かろうが偉くなかろうが、相手の言うことに対して自然に反応できます。賛意を表明することもあれば、反論することもあるでしょう。しかし、相手が自分よりも偉い人であれば賛意はともかく、反論を差し控える傾向があります。これも権威バイアスです。

また、専門家に推奨された商品を消費者は何の疑いもなく買ってしまうのも権威バイアスに当てはまります。有名な大学の偉い先生が推奨していると内容を理解していなくても手放しに信じる傾向があります。

私たちは権威がある人に対してあらがうことに抵抗感を持ってしまいがちなのです。

「病気になったのは日頃の行いが悪いから」――「公正的世界観」

権威バイアスと関連したバイアスには公正的世界観があります。

公正的世界観は、人は皆、基本的には公正であり、良いことをすれば良いことが起き、悪いことをすれば罰を受けるという信念です。心理学者のメルビン・ラーナーによって提唱されたモデルで、因果応報的な考えです。

これは生きていく上で心理的安定にもつながるので良い側面もあります。「目標に向かって頑張れば報われる」「一所懸命努力すれば今の不運な状況を変えられる」と自己防衛の機能を果たします。

ただ、当然、公平性なんて保証されていません。「世の中は公平だ！」「悪はいつか成敗される」は思い込みです。善い行いを心がけても不幸が続く人もいます。悪いことをしていても毎日を平穏に過ごせる人もいます。ですから、この信念に囚われ過ぎると弊害も生じます。

たとえば、公正的世界観が強すぎると、頑張っているけれども報われない人を容認できなくなります。「良いことをすれば報われる」と考えているわけですから、どんなにその人が頑張っていても「それはあなたの努力不足です」と考えてしまいます。そう考えないと、自分の信念が揺らいでしまうからです。

ラーナーたちは公正的世界観の弊害を実験で示しました。ミルグラムの電気ショックの実験を応用しました。他人が電気ショックを受けている光景を観察させ、その観察者の心理を調べました。もちろん、ミルグラムの実験と同じで電気は実際には流れていません。

多くの観察者は電気ショックを受けている人を軽蔑して、「この人は何か悪いことをしたからこのようなことになっている」と判断しました。

一方、電気ショックを流す前に観察者に「この人は苦しんだ分だけ報酬がもらえます」と伝えた場合は、そうした蔑視感情は起きませんでした。

人が電気ショックを受けるのは一般的な出来事ではありません。ですから、正当な理由（報酬を受け取る）が見当たらないと、公正的世界観は揺るぎます。「なぜ、この人はこんなひどい目に遭うのだ」という疑問を納得させる理由が必要になります。そこで、「この人は悪いことをしたからこんな目に遭っているのだ」と考えて自分を納得させるのです。

公正的世界観のマイナス面が増大するといろいろな懸念が生じます。

まず、社会的な立場が弱い人への支援が遅れがちになります。「あの人たちが苦しいのは本人たちに非がある」という考えが強まれば苦しんでいる人への解釈がゆがみます。

たとえば、難病にかかった人や事故で障害を負った人に「日頃の行いが悪かったからだ」と考える人はいまだに少数ですが存在します。

公正的世界観を持ち過ぎると、社会や組織全体の不平等を是正できない可能性も高まります。「自分はこんなに頑張っているのに恵まれない」など個々の不平等や不公正ばかりが議論され、国や企業などもっと大きな単位で取り組まなければいけない問題の解決が遅れます。

たとえば、少子化やジェンダーギャップなど日本の大きな問題が先送りされてきたのもみなさんの公正的世界観とは無縁ではないかもしれません。

オンラインでも「単純接触効果」は有効である

単純接触効果は何度も接触した対象（人・物）に対して好意や親しみを感じやすくなる心理的効果です。

1968年に心理学者のロバート・ザイアンスが提唱しました。ザイアンスは、実験参加者が意味を知らない言葉を繰り返し（1～25回）見せて、回数によって好感度がどのように変化するかを調べました。すると、回数が増えるに従って、好感度がアップすることがわかりました。単に接触を繰り返すだけで、感情がポジティブに無意識に変化することが観察されました。

その後、多くの学者が同様の実験をしたところ、接触する対象を人、写真、画像、図形、音、匂いなどに変えても同じ効果が得られています。単純接触効果はとても強固な認知バイアスのひとつといえるでしょう。

最近ではオンラインでも単純接触効果は有効であることが明らかになっています。単純接触効果の研究は長年、対面で直接接触することを前提にしてきましたが、オンラインでも繰り返し接触すればリアルな関係と同程度に親密性や好意を高められることがわかりました。

恋愛関係でもオンラインでの効果は明らかです。マッチングアプリなどオンラインで知り合った相手でもオンラインでのやりとりを重ねれば、単純接触効果で親しみを増すことは十分に可能だと示唆する研究もあります。

単純接触効果はその名前の通り単純に接触するだけなのですが、人間関係に多大な影響を及ぼす認知バイアスです。学校や職場、サークルなどの趣味の集まりはもちろん、ジムやカフェでよく会う人まで関係します。よく会う人、よく顔を合わせる人、近くにいる人に対して親近感や好意が生まれます。

なぜ、接触するだけで、好感度が上がるのかは諸説あるのですが、何回も会って、何事も起こらないと確認できれば、安心感を得られて、好感度が増すのではと指摘する研究者もいます。

私があなたを好きならば、あなたも私が好き――「投影バイアス」

投影バイアスは人が自分の現在の感情の状態を他者の感情の状態や未来に対して過大に投影する現象です。他者の行動や態度を理解するとき自分の経験や感情で判断してしまい、生じるバイアスです。

「自分が相手を好きならば、相手も同じように私を好きに違いない」「今、私がこう思っているから、未来の自分も同じように思っているに違いない」と思い込んでしまいます。当然、自分の考えに相手も同意してくれるかはわかりませんし、5年後、10年後の自分が今の自分と同じことを考えているかは誰も知りようがありません。同じかもしれませんし、違うかもしれません。

投影バイアスはスポットライト効果や自己中心性バイアスとも関係が深い現象です。スポットライト効果は、自分が気にしていることは他人も同じくらい気にしていると判断する傾向です。自意識過剰な心理状態でもあり、「みんな私を見ている」と感じるのもスポットライト効果といえます。自分の外見や行動を他者が注目している程度を過大評価する傾向があります。

自己中心性バイアスは自分だけが知っている情報に左右されて他人の心の状態を捉えてしまう傾向です。自分の視点や行動が他者に影響していると認識します。


人は自分で考えて生きるしかありません。ですから、自分のものさしで考える側面は誰にでもありますが、過剰だといろいろな弊害が出ます。投影バイアス、スポットライト効果、自己中心性バイアスは、いずれも自分自身の感情、経験、視点を他者や外部世界に対して過剰に反映させてしまう傾向があります。

これらのバイアスに陥ってしまうのは、ひとつに自己視点の過大評価があります。「自分のやっていることは正しい」と思い込んでしまう傾向があります。人間は自信がない状態だと何事にも挑戦できなくなる可能性があり、それはよくありませんが、あまりにも自意識過剰になってしまうのも問題です。

共感のギャップも関連があるかもしれません。これは、他者の視点が欠落してしまっていて、他人の本当の感情や意図を見誤ることを指します。「他人にも考えがあって、自分とは違うかもしれない」という当たり前の思考ができなくなっている可能性があります。

「自分はこう思うから相手もこう思うに違いない」と常に考え、「自分が思っているようになぜか相手が思ってくれない」と怒ってしまっていては、人間関係にもヒビが入ります。

あなたは世界の中心ではない――「スポットライト効果」

スポットライト効果は他人との関係で生じる自己中心性バイアスのひとつです。他の人はそこまで自分のことに注目していないし関心がないのにもかかわらず、自意識過剰になって、自分視点だけで他者の考えを勝手に推測することです。

自分のことを誰も別にそんなに見ていないのに、自分のことを過剰に気にしてしまう。自分が実際よりもはるかに注目され、注視され、観察されていると感じてしまいます。おそらく、みなさんの周りにもそうした人が一人はいるのではないでしょうか。

自分が思っているほど、周りは自分に関心を持っていないことを示すギロビッチらによる実験があります。

実験参加者には、若者にあまり人気がないけれども名前は知られているミュージシャンの顔がプリントされたTシャツを着てもらいます。それから、ある部屋に入ってもらいます。

部屋に入ると、4人の作業者がイスに座って、各自で作業を進めているので、実験参加者には4人の対面のイスに座ってもらいます。その後、すぐに実験参加者を呼び出し、「部屋で対面にいた人が、あなたが来ていたシャツにプリントされたミュージシャンの名前を答えられると思いますか?」と尋ねます。実験参加者は46%の人が「答えられる」と回答しましたが、実際に部屋の中で作業をしていた人の中で答えられたのは23%でした。

つまり、自分が思っている半分の人にしか注目されていなかったのです。いかに、自分が気にしているほど、他人は気にしていないかがわかる結果といえるでしょう。人は結局、自分以外のことはあまり気にしていないのです。

嘘はほとんどバレていない——「透明性の錯覚」

透明性の錯覚も他者との関係で見られる自己中心性バイアスのひとつです。

人は自分が考えたり、思ったりしたことを他人もわかっているという錯覚に陥るとお伝えしましたが、自分の今の感情(緊張や不安や嘘など)が他人にばれているのではないかと考えてしまうことを透明性の錯覚と呼びます。

スポットライト効果の実験をしたギロビッチ達の別の実験では、学生と観客を用意して、学生にスピーチをしてもらいました。その後、学生と観客にそれぞれ質問しました。学生には「観客はあなたがどれくらい緊張していたと感じたと思いますか」と聞き、観客に対しては「今のスピーカーはどれくらい緊張していましたか」と聞きました。その結果、「学生が緊張していた」割合はスピーカー本人（学生）が観客が感じたと思う割合の方が実際観客が感じた割合よりも高く、観客は学生の緊張をほとんど認識していませんでした。学生側が自分の緊張が観客に伝わっていると思い込んでいただけだったのです。

この結果は裏返せば、自分が思ったり感じたりしていることを他者に同じように理解してもらうことは簡単ではないことを物語っているともいえるでしょう。


あなたの商品が売れないのは、「知識の呪縛」の影響かも

自己中心的なこれらのバイアスには「知識の呪縛」も関係しています。知識の呪縛は自分の知っていることは他人も知っていると思い込む現象です。自分が知っていることを知らない人がいることを想像できなくなります。

たとえば、商品を開発するときや商品をセールスするときに、消費者にどの程度の知識があるかを考えることはヒット商品を生み出すには欠かせない視点です。

いくら専門家目線で良いものを作って、専門的な視点で良さを伝えようとしても、相手が自分と同じ知識を持っていなければ十分には伝わりません。それにもかかわらず、その前提を無視してしまうのが「知識の呪縛」のわかりやすい例といえます。

このバイアスに陥ると個人間でもいろいろな弊害が起きます。「えっ、そんなことも知らないの？」という感覚になってしまい、言動にそれが表れかねません。当然、相手との仲も険悪になります。あなたの「常識」は決して相手の「常識」とは限らないのです。

知識の呪縛をわかりやすく示した実験があります（Camerer, Loewnstein & Weber, 1989）。まず、情報を知っているグループと知らないグループをつくります。情報を知っているグループには追加情報を与えた上で、情報を知らないグループがどのように行動するか予測してもらいました。その結果、自分が知っている情報を、情報を知らないグループの人が知らないことを忘れたり、知っていることを前提に予測したりする傾向が見られました。自分の考えで世の中を見てしまって、自分の考えていることは他の人もわかっているという感覚を持ってしまったのです。

「自分は客観的に物事を見られる」と思われている人もいるかもしれませんが、どのような人も物事を自分の視点から捉える傾向があります。相手の視点を理解するのは簡単ではありません。他者を慮る気持ちはそこまで十分に備わっているわけではないのです。

特に現実の世界では利害も複雑に絡み合っています。日常生活でそうした事態に直面したときには誰もが心の呪縛に陥りがちです。

集団

企業の派閥やグループをゆがめる「内集団バイアス」の罠

前節では「個人」が与える認知バイアスを紹介しました。次に本節では、「人」の中でも「集団」にまつわる認知バイアスを紹介していきましょう。

内集団バイアスは極論を語れば「身内びいき」です。

自分が所属するグループ（内集団）を所属しないグループ（外集団）よりも能力などを好意的に評価し、より優遇する傾向です。

「仲が良い人に甘いのは当たり前だし、それ以外の人も適切に処遇すれば、そんなに問題がないのでは」と思われる人もいるかもしれませんが、実際、実験で弊害も検証されています。ビジネスの現場で内集団に所属するメンバーを優遇し、外集団を不利に扱うという結果が得られています。頭では理解していても、人間は公平には対応できないものなのです。外集団に対して差別や偏見が生まれることもあるので、バイアスのひとつとして分類されています。政党や企業の派閥やグループを思い浮かべていただければ、内集団バイアスの弊害を理解できるでしょう。

また、自分が利益を得る可能性がないような場合でも、自分と同じ集団のメンバーだと認識した人には内集団バイアスが働きやすいことも明らかになっています。それほど、「身内びいき」のバイアスはとても強力ともいえます。

ちなみに、社会心理学では集団には大きく3種類あると考えます。基礎集団、機能集団、準拠集団です。

まず、基礎集団は血縁や地縁です。自分で選ぶことができない集団ともいえます。一方で機能集団、準拠集団は自分で選べる集団なので、自分で入ったり抜けたりできる集団ともいえます。

機能集団は特定の目的を果たすための人為的な集団です。企業や政党、宗教などです。

準拠集団は最も日常の意思決定に関わる集団です。自分の「居場所」ともいえます。ですから、準拠集団が機能集団と同じだったり、準拠集団が基礎集団と同じだったりする場合もあります。内集団バイアスもそうですが、多くのバイアスはこの準拠集団の中の出来事として主に関わってくることが多い認知バイアスです。

「自分がやらなくても誰かがやるだろう」――「傍観者効果」

傍観者効果は集団の人数が増えるほど傍観するようになる心理傾向です。
たとえば、学校や職場でのいじめ、事故が起きた際の救急への連絡や警察への通報、電車やバスでのお年寄りへ席を譲ること、ごみの持ち帰り、会議での発言……などなど。おそらく、みなさんもこれまで生きてきた中で、何かしら身に覚えがあるはずです。

傍観者効果の原因にはいくつか理由がありますが、「自分がやらなくても誰かがやるだろう」と責任を分散する心理が働いている可能性が大きいといわれています。また、行動する前に空気を読んだり、周囲の評価を気にしたりしていることもあるでしょう。「自分が介入することで問題がややこしくなるのでは」「いじめを止めたら自分がいじめられるのでは」と考えてしまって行動を起こさないのです。

傍観者効果が研究されるきっかけとなったのが、1964年に米国のニューヨークで起きた「キティ・ジェノヴィーズ事件」です。女性が自宅アパート前で暴漢に襲われ、惨殺されました。彼女の悲鳴で38人が事件を目撃しながらも誰も通報しなかったのです。

この事件を受けて、社会心理学者のジョン・ダーリーとビブ・ラタネはなぜ誰も通報しなかったのか考えました。彼らは「都会の人が冷たいのではなく、たくさんの人がいたから誰も通報しなかったのでは」と仮説を立てて、実験しました。

ひとつが、けいれんが起きた際に人を助けるかどうかの実験です。

学生を2人、3人、6人のグループに分けて、相手の様子がわからないようにマイクとインターフォンのある個室にそれぞれ一人ずつ通して、グループで討論をさせました。2人、3人、6人いずれの実験にもその中に実験側が用意したサクラが一人いて、そのサクラが討論中に発作を起こす設定です。その結果、2人のグループ（実験参加者は一人）では、全員が発作を起こしたサクラを助けようと行動を起こしましたが、3人だと全員ではなくなり、6人のグループでは38％の人が行動を起こさない結果になりました。この結果は「自分が助けなくても、他の誰かが助けるだろう」と責任の分散が起きたことを示しています。

もうひとつが火災への対応の実験です。部屋に通風口から煙が入ってきた場合、どのように反応するかを調べました。実験参加者は部屋の中に一人だと、煙の異常を誰かに報告しようとして行動する人が大半でした。確かに、火事と思わなくても部屋の中で煙を認識したら、異常を訴えたり、部屋を出たり、何かしらの行動を起こすと誰もが思うでしょう。ただ、部屋の中がグループになると結果は変わりました。他者が煙に対して無関心な場合、行動を起こさない傾向が見られたのです。この結果は、他者の行動や態度が判断に大きく影響することを示しています。人は一人では冷静に判断できても、集団になるとただの傍観者になってしまう可能性があるのです。

ネットは「集団極化現象」で炎上する

本来、集団は一人ではできないことを可能にします。集団化することで自分ができなくても他の誰かが解決してくれたり、教えてくれたりするプラスの側面は非常に大きいです。

ただ、少し古い流行語ですが「赤信号、みんなで渡れば怖くない」のような同調性のバイアス（これについては後で詳しく解説します）や傍観者効果などマイナス面がエスカレートすることも少なくありません。みんなと意見が同じだと、正しいと思い込んでしまいますし、一人ひとりが無責任にもなります。深く議論しなくなってしまいます。そうなると議論が極端な方向に振れやすくなります。

特にSNSなどインターネット空間では自分にとって都合の悪い意見を締め出せるため、議論は極端な意見に引き寄せられがちです。こうした現象を「集団極化現象」と呼びます。

集団極化現象の研究の基盤となっているモスクヴィッチたちの実験があります。フランスの大学生が対象で、実験参加者に2つのテーマについてそれぞれ評価してもらいました。

ひとつが、フランスの大統領であるシャルル・ド・ゴール、もうひとつがアメリカ人に対してです。評価は各テーマに対する肯定的または否定的な態度の強さを7段階で測定しました。

評価の後、討論してもらい、改めて評価してもらいます。討論前後の評価を比較することで、実験参加者の意見の変化を分析しました。

その結果、ド・ゴールに対して討論前に肯定的な意見を持っていた実験参加者は、討論後にさらに肯定的な意見を持つようになりました。集団での議論が、ド・ゴールに対する支持をより強固にしました。一方、アメリカ人に対して討論前に否定的な意見を持っていた実験参加者は、討論後にさらに否定的な意見を持つようになりました。

このような態度の変化は大勢での議論が個々の実験参加者の意見をもっと極端な方向にシフト（集団極化）させる可能性を示しています。集団内の議論が、意見を強化し、極端な方向に推し進める力を持つのです。態度がどちらに振れるか（極化の方向性）は討論前の態度（肯定的か否定的か）によって決まります。

もちろん、必ずしも意見が極化するわけではありません。集団での議論の中で、自分の意見が他者と比較されることによって、より「適切」または「正しい」と感じる方向にシフトする可能性もあります。

集団極化現象の中でも極端に危険な結論になることを「リスキーシフト」と呼びます。たとえば、一人ではとても言えない極端な話でも、みんなと一緒なら主張して、同調できます。より過激な方がよく映り、リーダーがそれを求めていればなおさらです。どんどん威勢の良い方向に話が進んでしまいます。ネットの炎上やポピュリズム政党の主張、ブラック企業の経営方針などが典型例です。

反対に、極端にリスクを回避する方向に振れることを「コーシャスシフト」と呼びます。

保守的な意見がよく映るケースですと、どんどんとリスクを回避する無難な方向に議論が流れてしまいます。問題はなさそうに見えるかもしれませんが、状況が悪化していて、決断しないといけないのに、何も決めずに先送りをすることにもつながります。

集団が正しい答えを選び取るより、合意形成することを重視し過ぎると有能な人たちでも愚かな決定をしてしまうことは歴史が物語っているでしょう。いずれにせよ、極端な方向に意見がシフトすることをなかなか避けられないということがよく起こります。過ぎたるは及ばざるが如し、中庸の徳などを肝に銘じておくことは、このような極端に向かってしまう現象の戒めになるかもしれません。

占いが当たるように思えるのは「バーナム効果」があるから

バーナム効果は誰にでも当てはまるような一般的な性格の記述をあたかも自分自身に当てはまる、自分だけ特別に当てはまると感じてしまう心理傾向です。

血液型占いがわかりやすい例です。A型はきちょうめん、B型はマイペース、O型は大雑把、AB型は個性的といわれると自分に当てはまる気がしますが、血液型と性格の関係に科学的根拠がないことはすでに証明されています。私たちが〇〇占いなどで「これ、当たってる！」と感じることの多くはこの効果によるものかもしれません。誰にでも当てはまるような内容であるにもかかわらず、自分だけに当てはまるかのように感じてしまっているのです。

心理学者のバートラム・フォアのフォアラーの実験が有名です。学生たちに性格テストを実施し、その後、全員に同じ性格分析の結果を返しました。この結果は誰にでも当てはまるような曖昧な記述でしたが、学生たちの多くは自分自身の性格を正しく評価していると答えました。

人は自分自身に対するフィードバックについてとても敏感なので、バーナム効果はビジネスの世界でもよく利用されています。マーケティングなどで活用していて、消費者に「自分に当てはまっている」と感じさせることで、購買を促します。

ちなみに、「バーナム」というのは、米国でサーカスなどの興行を大成功させたバーナムの「好みは違えど、誰にとっても良いと思われるものがここにはある」という言葉に由来しているといわれています。

他人の行動

ソロモン・アッシュと「同調バイアス」

「人」が引き起こす認知バイアスの中には、特に「他人の行動」によって引き起こされるものもあります。

本節では、「他人の行動」が引き起こす認知バイアスを紹介していきましょう。

同調バイアスは、個人が自分の意見とは違っていても、集団の意見に同調しやすい現象です。

心理学者のソロモン・アッシュが1950年代に実施した有名な研究があります。

図表14 アッシュの同調実験

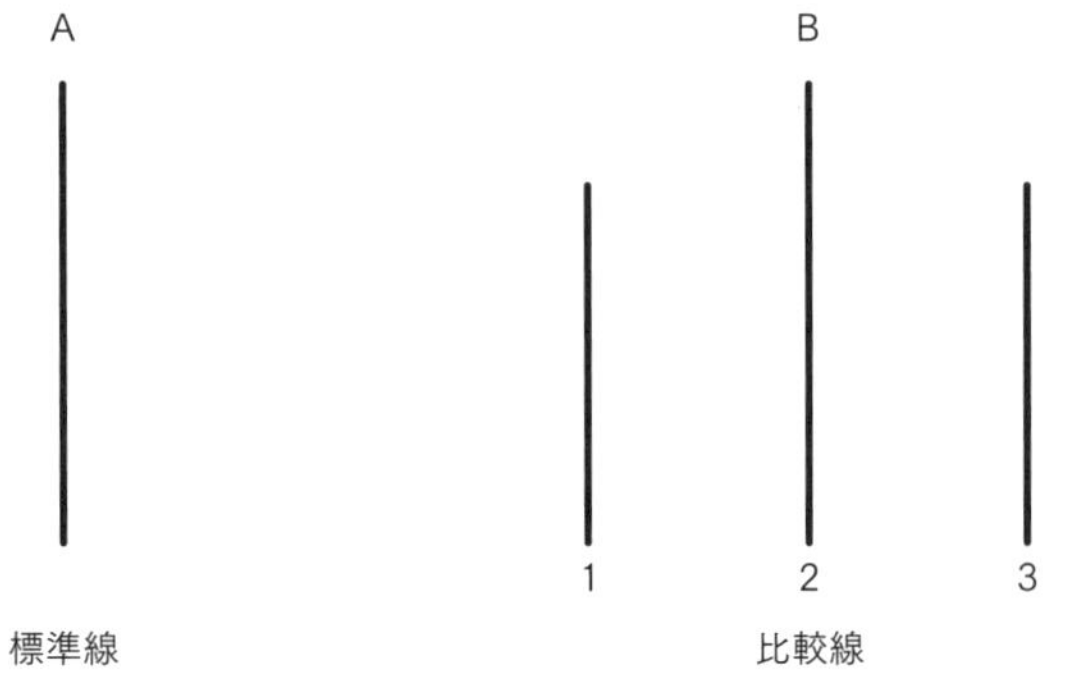

アッシュは、人は周囲に合わせるべきという同調圧力が非常に強いため、それが間違った結果につながるとわかっているときでさえも、その圧力に負けてしまうことを明らかにしています。

実験でアッシュは実験参加者に、簡単な課題を与えました。

図表14のような1本の線が書かれたカードと、長さがバラバラの3本の線が書かれたカードの2枚を実験参加者に見せて、3本の線のうち、どれがもう一枚のカードに書かれた1本と同じ長さかと尋ねました。長さの違いは一目でわかるような設定になっています。

実際、実験参加者ごとに別々に聞いたときは、99%が正しい線を選びました。ところが、複数のサクラと実験参加者を一緒のグループにして同じ質問をして、サクラたちにはわざと間違った線を選ばせたところ、正答率は68％に落ち込みました。32％の実験参加者が間違った答えを選んだことになります。図表14を見ると一目瞭然であるにもかかわらず実験参加者たちは、周囲に同調するために間違った答えを選んだのです。

同調バイアスは「多数派の意見を正解だと思いやすいこと」「周囲に認められたい気持ち」が原因で働くといわれています。ですから、「集団の大きさ」「多数派の数」「集団内の意見が全員一致しているか」などによって起きやすさも変わります。

集団の仲間意識の強さも影響します。みなさんも、仲が良いグループで自分だけ意見が違った場合、つい同調してしまったことが一度や二度はあるのではないでしょうか。自分は違う意見を持っていても、「自分の方が間違っているのではないか」「ここで自分だけ違うと言い出したら、みんなに嫌な思いをさせるのではないか」「嫌われるのではないか」という感情も影響します。

もちろん、同調バイアスにはプラスの側面もあります。同調しておけば、人間関係に摩擦を起こしません。自分にとってその判断がそれほど重要じゃないことに関しては、一人で異論を唱えるよりは、みんなに合わせておく方がメリットは大きいでしょう。

たとえば、みんなでごはんを食べに行こうとしたときに、自分が和食を食べたくても、他の人が洋食を食べたいと言っていた場合、「私は絶対に和食を食べたい」と言い張れば摩擦が起きます。洋食に合わせておこうかなと考えることで、気持ち良い人間関係が維持できます。

ただ、常に同調していると命の危険にさらされるときもあります。たとえば、災害時や緊急時に同調バイアスがマイナスに作用することは明らかになっています。

これは第1章で紹介した正常性バイアスとあわせて働いてしまうと、状況を見誤ってかなり深刻な状況に陥りかねません。正常性バイアスは危機的な出来事の際に危険を過小評価する傾向のことです。

災害時などの緊急時に同調バイアスが働き過ぎると、集団は間違った方向に向きがちです。しかも正常性バイアスにより、危険なのに「自分だけは大丈夫」「このくらいなら平気」と思い込むことで、判断を誤り、間違った行動に至る確率が高まります。

たとえば、災害が起きても正常性バイアスが働いて「自分が命を落とすことはない」と思って避難しない。周囲の人たちも避難していないので、同調バイアスが働いて、「この災害のリスクは小さい」という思考がさらに強化されて、その結果、被害に遭ってしまいかねません。

「100万人愛用、売れています!」──「バンドワゴン効果」

バンドワゴン効果は、ある選択肢を多くの他者が選択しているとき、その選択をする人をさらに増大させる効果です。「勝ち馬に乗る」現象で、選挙の際に新聞やテレビで優勢と報じられた候補者や政党に票が集まるのはまさにバンドワゴン効果です。

企業の宣伝広告で「100万人愛用、売れています!」と記載するのもバンドワゴン効果を狙っているからです。「みんなが買っているのならば私も買おう」と思わせることで購入を促しているのです。

他にも、たとえば、食堂でAランチとBランチがあって、Bランチがあと数食で完売という場合、Bランチを選ぶ人が多い傾向があります。Bランチを選んでいる人が多いから、Bランチが正しいと思う現象です。

有利な方、多数派に同調しているともいえますので、同調バイアスと非常に似ています。また、残り数食という希少性からBランチを選ぶ人もいると思うので希少性効果とも関わっているともいえます。認知バイアスは結果としては同じ現象が現れたとしても、その原因は少しずつ違っているケースが珍しくありません。

ちなみに、選挙のキャンペーンでパレードを行った際、楽隊（バンド）を乗せた車（バンドワゴン）に支持者を次々と招き入れたことから、バンドワゴン効果と呼ばれています。

また、バンドワゴン効果とは反対に、選挙前の予測で劣勢とされた候補者や政党に票が集まり、選挙で勝つことがあります。これを、アンダードッグ効果（負け犬効果）などと呼びます。

バンドワゴン効果は「社会的証明」とも似てる

バンドワゴン効果は社会的証明とも似ています。

社会的証明は他者の行動や判断を基準にして、自分の行動や判断を決定する心理的現象です。特に、「どうしていいかわからない」と感じる不確実な状況下で、自分の選択が正しいかどうかを判断するときに、人は他者の行動に依存する傾向があります。

研究者によっては同義に扱っている人もいますし、バンドワゴン効果が働く根底に社会的証明があると指摘している人もいます。

社会的証明の例としては、「商品購入をするときに、迷ったら、他者のレビューや「いいね」の数で意思決定する」「SNSや動画配信などで、「いいね」が多いものは信ぴょう性が高いと判断する」「行列ができるお店は、人気がある＝良いと思って、並んでしまう」などがあげられます。大勢と同じだと安心だという心理が働いているといえます。

三人寄っても文殊の知恵にならない――「社会的手抜き」、「ただのり（フリーライダー）問題」

社会的証明によって起きがちなのが、社会的手抜きとただのり（フリーライダー）問題です。

日本では古くから「三人寄れば文殊の知恵」ということわざがあるように、個人よりも集団の方がパフォーマンスは上がると思われがちです。実際にパフォーマンスが上がることも確認されています。ところが、集団を参加者の個々で見てみると、個人が発揮する能力は下がることもあります。これを「社会的手抜き」と呼びます。グループの人数が増えると一人当たりのパフォーマンスが下がる傾向があることもさまざまな研究からわかっています。
フリーライダーは対価を支払うことなく、便益のみを享受する人です。
フリーライダー問題は何かの問題解決や作業や仕事などを行う場合に起きがちです。自分がやってもやらなくても他の人がやってくれる可能性もあるからです。自分がやっても他の人はあまりやらないこともあれば、自分がやらなくても他の人が

こうした状況では、自分が率先して頑張った場合には問題解決や作業や仕事などの達成や成功が自分だけでなくあまりやらなかった他者の成功にもなり、ただのりされたと感じます。

一方、自分が率先してやらなくても成功した場合、楽をして評価を得ることができるので、ただのりの方が得・楽と気づきます。

フリーライダー問題は集団での作業ならば必ずしも起きるのではなく、集団の各メンバーの取り組みにアンバランスがある場合に起こりやすい傾向があります。

さらに社会的手抜きやただのりを強化するバイアスはいくつもあります。
まず、先ほど説明した社会的証明です。他人がただのりしているのを見ると、自分も同じ行動を取ることが正当化されることがあります。

自己利益バイアスも関係します。人は自分の利益を最大化しようとする傾向があります。自己利益バイアスと呼ばれる認知バイアスによってこの傾向は強まり、結果的に他者の負担を軽視することにつながります。

損失のバイアスの働きも見逃せません。

人が損失を避けるために行動する傾向があることはこれまでに何度かお伝えしてきました。自分だけが損をすることを避けたいので、他者にただのりされているように感じると自分も努力しなくなり、集団のパフォーマンスの低下につながります。

『影響力の武器』と認知バイアス

社会心理学者のロバート・チャルディーニは影響力の研究で有名です。2001年に米国で発売されたベストセラー『影響力の武器（邦訳）』ではだます人たちの各種組織に自ら入り込んで無数の手口を学び、人を説得するための6原則を示しています。そのひとつの原則として社会的証明を取り上げています。

チャルディーニは社会的証明を他者の行動を手がかりにして自分が行動するかを判断する現象と定義づけています。

例として、テレビの笑い声を扱っています。テレビでのバラエティー番組で笑い声を挿入して演出している場面がよく見られますが、その笑い声は視聴者に面白いと思わせる働きがあります。視聴者は面白いと思えば勝手に笑いますが、面白いと思わなくても、笑い声が入っていることによって「みんなが面白いと思っている、だから笑う」と行動するようになります。サクラの笑い声が視聴者の心理に影響しているのです。人間の行動と心理状態はかなり密接に関連します。

もうひとつの例としては募金活動があります。透明の募金箱に、見せ金としていくらか入れておくと空のときに比べて、募金が集まりやすい傾向があります。中が見えた状態にして「みんな、募金しているんだ」と感じさせることで、募金する人が増えるのです。

チャルディーニの本がベストセラーになったのは消費者がいかにだまされているか、踊らされているかの手口を示したところにあります。ですから、私たちは社会的証明を使う人たちのやり方を知り、対策を立てればいいわけです。

たとえば、他者の判断を参考にするのは問題ありませんが、間違っているときは立ち止まれるように、間違っている証拠に敏感になる。また、自分の行動を決定するときには、他者をただ真似るのではなく、自分でも調べてみる。そうした姿勢を持つことで、誤った意思決定の確率を下げることができます。

チャルディーニ式「人を説得するための6つの原則」

説得は、人間の根源的なところにある一部の反応に訴えかけることで機能します。チャルディーニは、社会心理学の実験を通じてこの種の反応を6つ見つけ出しました。それが説得の6原則です。

「好意」
人は、あなたが自分に好意を持っていると感じたり、あなたと自分との共通項に気づいたりすると、あなたに好意を抱きます。こうしてあなたに好意を抱いた人は、あなたの依頼に対してイエスと答える傾向が高まります。

「返報性」

人は、親切に報いようとします。あなたが人を助ければ、その人があなたを助ける可能性が高まります。あなたが協力的な態度で接すれば、相手も同じ態度であなたに接するでしょう。


「社会的証明」

人は、他の人たちと同じことをしようとします。とりわけ、自分と似ている人たちのやっていることに対してはその傾向が強まります。


「コミットメントと一貫性」

人は一貫性を保とうとします。一貫性を完全に保てなくても、少なくともそう見えるようにしたいと思います。特に、自分からコミットメント（約束）をしたら、人はなるべく最後までそれを守ろうと努力します。


「権威」

人は、専門家や権威ある立場にいる人の判断に従います。そして、自分のその判断の傾向を過小評価します。

「希少性」
人は、何かを希少だと見なすと、その価値を高めに見積もります。

ダートマス大学の生徒が「ピア効果」で成績アップしたワケ

ピア効果は多くの人が身近な友人の行動や習慣、考え方に影響を受けている現象です。優秀な友人の影響を受けて、勉強を頑張るようになったり、サボり癖のある同僚に影響されて、自分もサボるようになったりするなどがわかりやすい例です。「朱に交われば赤くなる」ということわざがあるように、「付き合う人は大事ですよ」ということがピア効果からは導かれます。

経済学では「周囲の経済主体の社会的背景、行動、成果による外部性」とピア効果は定義されています。同僚の生産性が高いと自分も影響されて生産性が向上するなど、経済行動に対しても影響が示唆されています。

また、教育心理学では学習のグループ内での競争や協力が個々の学習成果を高めるかどうかについての研究でピア効果が扱われています。

米国のダートマス大学の新入生を対象にした実験があります。ルームメイトをランダムに割り当てられる仕組みを利用して、学業成績に対するピア効果を検証しました。結果としてルームメイトの学業成績が自分の学業成績に正の影響を与えることが確認できています。つまり、頭の良い人とルームメイトになると自分の成績も上がったのです。

ただ、成績には影響がありましたが、行動や態度にはあまり影響を与えませんでした。お酒を飲む頻度や社会的な活動についてのピア効果は確認がされませんでした。つまり、どんなに優れている人と一緒にいても勉強はできるようになっても、素行は変わらない傾向があるとわかりました。

従業員の生産性を実証した実験もあります。実験参加者がペアで同じ仕事を行う場合と、一人で仕事を行う場合の生産性を比較しました。他の従業員が効率的に働いている場合、実験参加者は効率的に働こうとする傾向があり、生産性が向上しました。

一方、他の従業員がサボったり、生産性が低かったりする場合、実験参加者もその基準に合わせてしまい、生産性が落ちる傾向が見られました。労働市場においてもピア効果が生産性に強く影響することが確認されています。

ですから、企業も組織をつくる上でピア効果を踏まえた判断が必要になります。全体の業績や成果を上昇させるためには、優秀な人を同じところに集めた方がよいのか、バラバラにした方がよいのか。この人とあの人を組み合わせるべきなのか。足の引っ張り合いにならずに、いかに相乗効果を生み出すか。最適なチーム編成に役立つ可能性もあります。

他者には厳しく、自分には甘い──「基本的帰属の誤り」

基本的帰属の誤りは、他者の行動を観察すると、その行動がその人の性格や内面的な特徴に基づいていると判断する傾向です。第1章で紹介した原因帰属理論と関連があります。

たとえば、会社の同僚が忘れ物をしたのを見たとき、人はどう考えるかというと、「あの人はだらしないからな」と考えがちです。一方、自分が同じように忘れ物をしても、そうは思わないのが人間です。「うっかりしてたな」「ぼうっとしてたな」と考えます。

本来ならば、他の人を「だらしない」と評価したら、自分も忘れ物をしたら、自分に対してだらしないと感じるはずです。それなのに、他者の場合はその人の性格や内面に帰属させ、自分の場合はたまたまという偶然や外的なものに帰属させます。原因を違うところに帰属させるので帰属の誤りと呼びます。「他者には厳しく、自分には甘い」姿勢ともいえます。

同じ行為でも原因を帰属させるものが異なるため、他者に対する不公平な評価を引き起こし、相手は不公平感がつのります。

自分がミスしたときは「うっかりしていた、ごめん」で済ませて、他者には「しっかりしろよ、だらしないよ」と責めたら、相手は当然、納得しません。ただ、厄介なことに、バイアスなので本人は気づかないのです。このバイアスは十分注意しておかないと人間関係すら壊しかねません。

悪いのはあなたのせい——「行為—観察者バイアス」

行為—観察者バイアスは自分の行動と他者の行動を異なる視点で評価する現象です。

帰属の誤りとほぼ同じですが、帰属の誤りが他者の行動についての帰属に焦点を当て、その人の性格（内面性）に帰属する傾向がある一方で、行為—観察者バイアスは内面にだけ焦点を当てるわけではありません。

たとえば、自分のミスは運や状況が悪かったと感じても、他者のミスは準備不足、能力不足のように感じる傾向です。行為—観察者バイアスも帰属の誤りと同じく、自分の行いは棚に上げて他者を不当に評価する原因となって、人間関係に摩擦が起きがちです。他人を評価するときや意見するときは、自分はどうなのか、たとえば若い人に忠告をするときは、自分の若いときはどうだったのかを、一度、冷静に振り返ってみることが必要なのかもしれません。

過剰な「自己中心性」から脱するための心得

他者への理解に対して認知バイアスが働き、誤認や誤解、認識の誤りが起きることは人間関係に多大な影響を与えます。これらに関する認知バイアスの多くに関連するのが、自己中心性です。

人が自己中心性を全く持たないのは不可能かもしれませんが、過剰な自己中心性は良好な人間関係を壊しかねません。

自己中心性から脱却するためには、当たり前に聞こえるかもしれませんが他人の気持ちを理解しようと常に心がけるしかありません。また、他人は自分と同じことを考えているわけではないと想像力を働かせることも欠かせません。

もうひとつ、重要なのが共感力です。

他者の気持ちに寄り添って、他者の気持ちになって判断してみる。自己中心性に関わる認知バイアスから避けるためにはこうした姿勢が大切です。

サリーとアンと「心の理論」

心理学の研究には「心の理論」という考え方があります。

これは、他者の心の状態を推定する能力のことです。「他者には自分と違う他者なりの心がある」ことを理解できるかです。「心の理論」は生まれながら備わっているわけではなく、4歳から5歳くらいで獲得するといわれています。幼児が心の理論を持っているかを調べるために考案されたのがサリー・アン課題です。次の問題を考えてみてください。

図表15を見て下さい。サリーとアンが部屋で一緒に遊んでいます。サリーはボールをかごの中に入れます（1）。その後部屋を出ていきます（2）。サリーがいない間にアンがかごからボールを出して、別の箱に移します（3）。サリーが戻ってきました（4）。サリーはボールを出したいと言っています。サリーは最初にどこを探しますか？

正解は、かごの中です。

図表15のイラストで示しているようにボールは箱の中に入っています。しかし、サリーは部屋を出ていったので、アンがボールをかごから出して別の箱に移したのを知りません。サリーはかごの中にボールが入っていると思い込んでいます。実験ではサリーのその思いを理解できるかを測定しているのです。

大人であれば比較的簡単に答えられると思いますが、幼児には簡単ではありません。自分はボールが箱に入っていることを知っているから、サリーも箱を探すと考えてしまいます。

サリー・アン課題は幼児向けのシンプルな課題でおよそ4歳前後になると他者の視点になって考えられるようになることがわかっています。そのころから人は、相手の気

図表15 サリー・アン課題

持ちを常に推し量りながら成長をします。ただ、私たちは、大人になっても、自己中心性から他者の立場を想像しきれずバイアスを働かせてしまいます。他者の心理を推し量るということが足りないことに起因するため、普段から注意が必要だといえます。

ビジネスの世界でも相手がどんな情報を持っており、何を理解していて、何を理解していないのか、当面の課題に対してどのような腹づもりでいるのかなど、相手の状況や立場に思いを巡らせることは欠かせません。

非常にシンプルなメッセージになってしまいますが、相手の気持ちを想像することが円滑な人間関係だけでなく、仕事の面でもバイアスの罠から逃れることにつながるでしょう。

まとめ

- 第3章では「他者への認知バイアス」とその研究や事例について紹介した。他者への理解に対して認知バイアスが働き、誤認や誤解、認識の誤りが起きることは、人間関係に多大な影響を与える。
- 「他者への認知バイアス」には大きく「個人」「集団」「他人の行動」がある。「個人」には「期待効果」「ゴーレム効果」「ハロー効果」などの認知バイアスがある。
- 「集団」には「内集団バイアス」「傍観者効果」「集団極化現象」などの認知バイアスがある。
- 「他人の行動」には「同調バイアス」「バンドワゴン効果」「社会的証明」などの認知バイアスがある。
- これらに関する認知バイアスの多くに関連するのが「自己中心性」。自己中心性は、人である以上、ある程度は仕方ないが、過剰な自己中心性は良好な人間関係を損ないかねない。

» その克服のためには、他者の気持ちを理解しようと努力したり、他者は自分と同じことを考えていないかもしれないと思ったりする姿勢が欠かせない。

CHAPTER 4

情報・モノ

「周りの情報・モノ」が思い込みを引き起こす

人はモノ・コトをこう捉えがち

誰もが「錯覚」から逃れることはできない

第3章では「思い込みを引き起こす4つの要因」のうち、「人」を見てきました。続いて第4章では、「思い込みを引き起こす4つの要因」のうち、「人以外」すなわち、「モノや情報」を取り上げます。

みなさんは気づいていないかもしれませんが、実は人は、周りにあるモノや周りの情報によって、かなり認知をゆがめられています。

そういった、周りにあるモノや周りの情報によって引き起こされる認知バイアスを紹介したいと思います。

私たちは目から入る情報に関しては見えたものをそのまま認知していると思いがちです。目に見えたものはすべて認知しているのは当たり前と思われるかもしれませんが、視覚からの情報処理にも制約があります。見えたからといってそのままを認識しているとは限らないのです。

視覚にはバイアスが働いています。有名なのが錯視です。視覚による錯覚のことで、明るさ、色、大きさ、長さ、形、方向、奥行、運動の錯視があります。

錯覚の大部分は錯視ともいわれています。そして、注意深く観察していても、どんな人が観察しても明確に生じるといわれています。

これは人の視覚の特徴でもあります。私たちの視覚は目の前にあるものを、ビデオカメラで録画するようには捉えていません。情報を無意識に選んだり、加工したりして記録しています。

錯視で有名なのが、線の両端に内向きの矢印をつけると短く見え、外向きの矢印をつけると長く見える「ミュラー・リヤー錯視」です（図表16）。羽根に挟まれた直線の長さは同じなのですが、外向きの矢印の方が内向きの矢印に比べ著しく過大視されます。

図表16 ミュラー・リヤー錯視

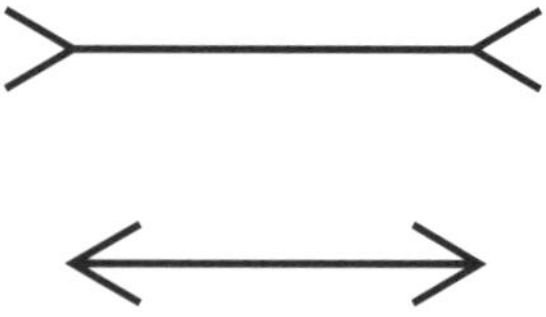

図表17 カニッツアの錯視

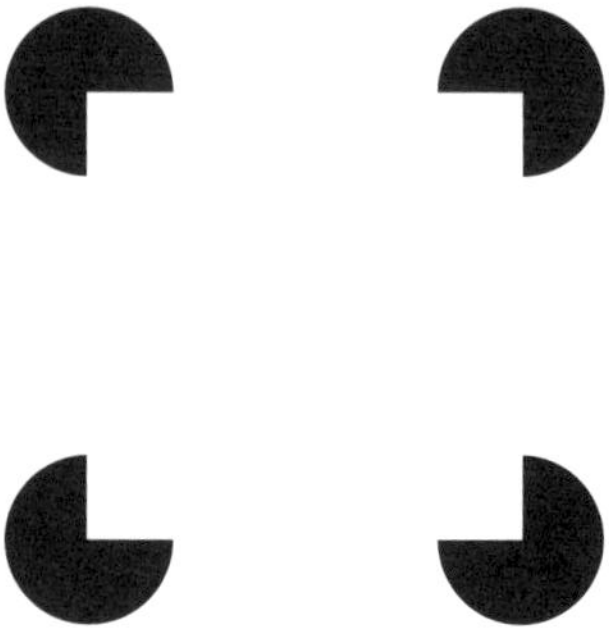

また、人は見まいとしても見えてしまうカニッツアの錯視も広く知られています（図表17）。パックマンのような形や線分を組み合わせたこれらの図形の中央部分に、外部より明るい、四角形が見えます。これは、四角形があるわけではなく、円を4分の1削った図形を並べているだけなのですが、多くの人が白い正方形を見てしまいます。物理的に存在しないものを視覚で補完しているのです。

「ネッカーの立方体」も有名です（図表18）。2つの立方体を比べるとひとつは平面図形に見えがちですが、大きな斜め線をこの立方体に入れるだけで、立方体に見えるようになります。見続けていると奥行きまで見えてくる錯視になっています。

図表18 ネッカーの立方体

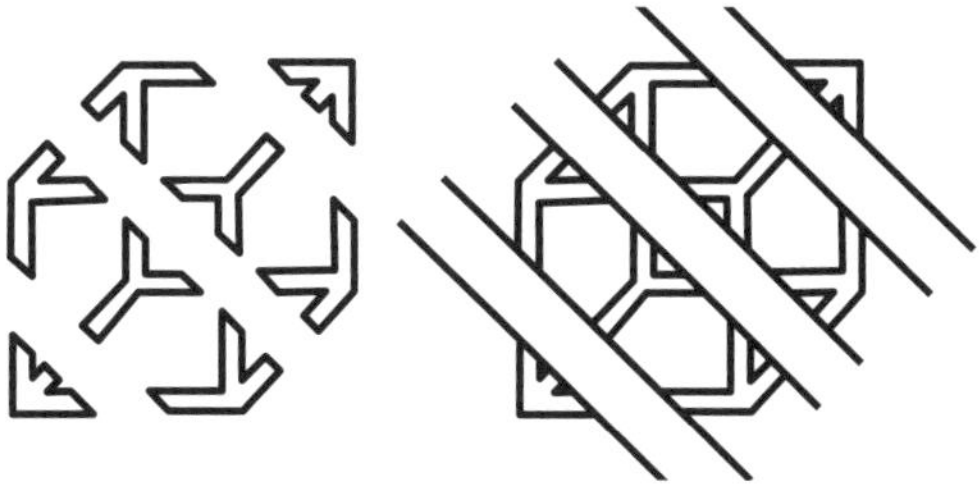

図表19 ペンローズの不可能図形

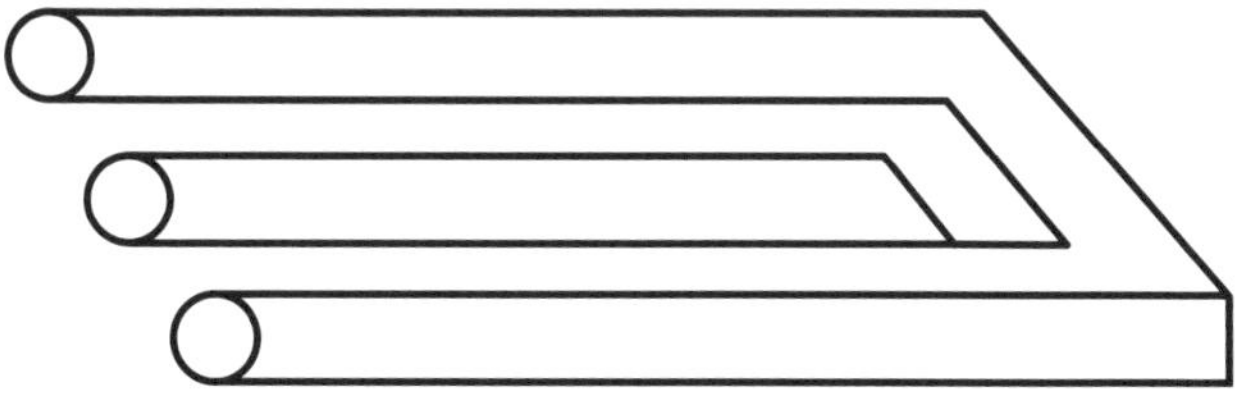

ペンローズの不可能図形は、全体では推論したり想像したりすることは困難であるにもかかわらず、瞬間的には簡単に知覚されてしまう錯視です（図表19）。部分的にはおかしくないと解釈できるのですが、全体で認識すると解釈が不可能になります。

このように自動的、本能的に見えてしまうのが錯視です。錯視は誰にでもほぼ等しく起きます。そして、こうした現象が錯視だけでなく、私たちにはいくつもあります。

義足を身体の一部に感じられるワケ――「ラバーハンド錯覚」

自分の身体の感覚に関する錯覚もあります。ラバーハンド錯覚です。有名な実験があります。実験参加者は、自分の手が視界から隠された状態で自分の前に置かれたゴム製の手（ラバーハンド）を見つめます。

次に、実験者が参加者の隠れた実際の手と、視界にあるラバーハンドを同じタイミングで触ります。これを何回か繰り返していると、実験参加者は叩かれたり撫でられたりする触覚体験がラバーハンドの手の上で生じているように思えてきます。人によっては、偽物の手を自分の身体の手のように感じてしまうこともわかっています。

「そんな感覚になるかな……」と思われるかもしれませんが、ラバーハンド錯覚は義手や義足の研究にも活用されています。交通事故で手や足を失われた方が義手や義足を使いながら身体感覚を取り戻す訓練でラバーハンド錯覚を使う事例があります。

最近ではバーチャルリアリティの世界において、ラバーハンド錯覚を使うことで仮想空間での自分の分身の手が自分の手のように感じる可能性もあるのではとの指摘もあります。

このように、錯視は決して見え方だけではありません。触覚にも大きく関係しています。だまし絵のような視覚の世界の話だけではないのです。人の感覚は想像以上に曖昧という証拠でもあり、身近な認知バイアスのひとつといえるでしょう。

画鋲の箱は常に画鋲の箱ではない――「機能的固着」

機能的固着は、モノの慣習的な使用方法に縛られて、問題の解決や創造的な発想が妨げられる現象です。

有名なのがロウソク問題です。ゲシュタルト心理学者であるカール・ドゥンカーによって考案された認知能力テストです。

与えられた道具は、図表20のロウソク1本、マッチ数本、箱に入った画鋲です。問題は、「目線の高さの壁にロウソクを灯すこと」です。

この問題を解決するポイントは画鋲の箱を使えるかどうかです。

正解は図表20のBの「画鋲の箱から画鋲をすべて取り出して、箱を画鋲で壁に固定して、その箱の中にロウソクを立てる」です。

図表20 **ロウソク問題**

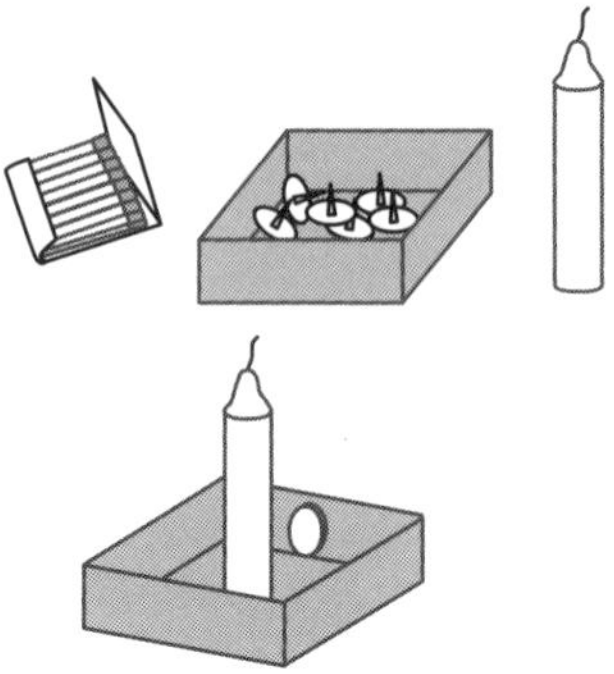

出典：Duncker' s (1945) Candle Problem　The subjects are asked to attach a candle to the wall and are given a box of tacks, candles, and matches, as shown in panel A. The solution is shown in panel B.

ただ、多くの実験参加者は、画鋲をいっぱい壁に刺してロウソクを固定しようと試みます。画鋲の箱は画鋲の入れ物という認識から脱することができず、箱をロウソクを立てるモノとして発想できません。

画鋲の箱は画鋲を入れるモノという固定観念が強すぎると、それを違うものに使う発想がなかなか起きません。モノの使い方の慣習に囚われ過ぎると、思考の柔軟性を阻害する可能性が大きくなるのです。

四角形はなぜ常に地面に平行なのか――「心的制約」と「制約の緩和」

人はモノの形の認識にも制約があることがわかっています。

図表21 Tパズルの実験(鈴木ら, 2006)

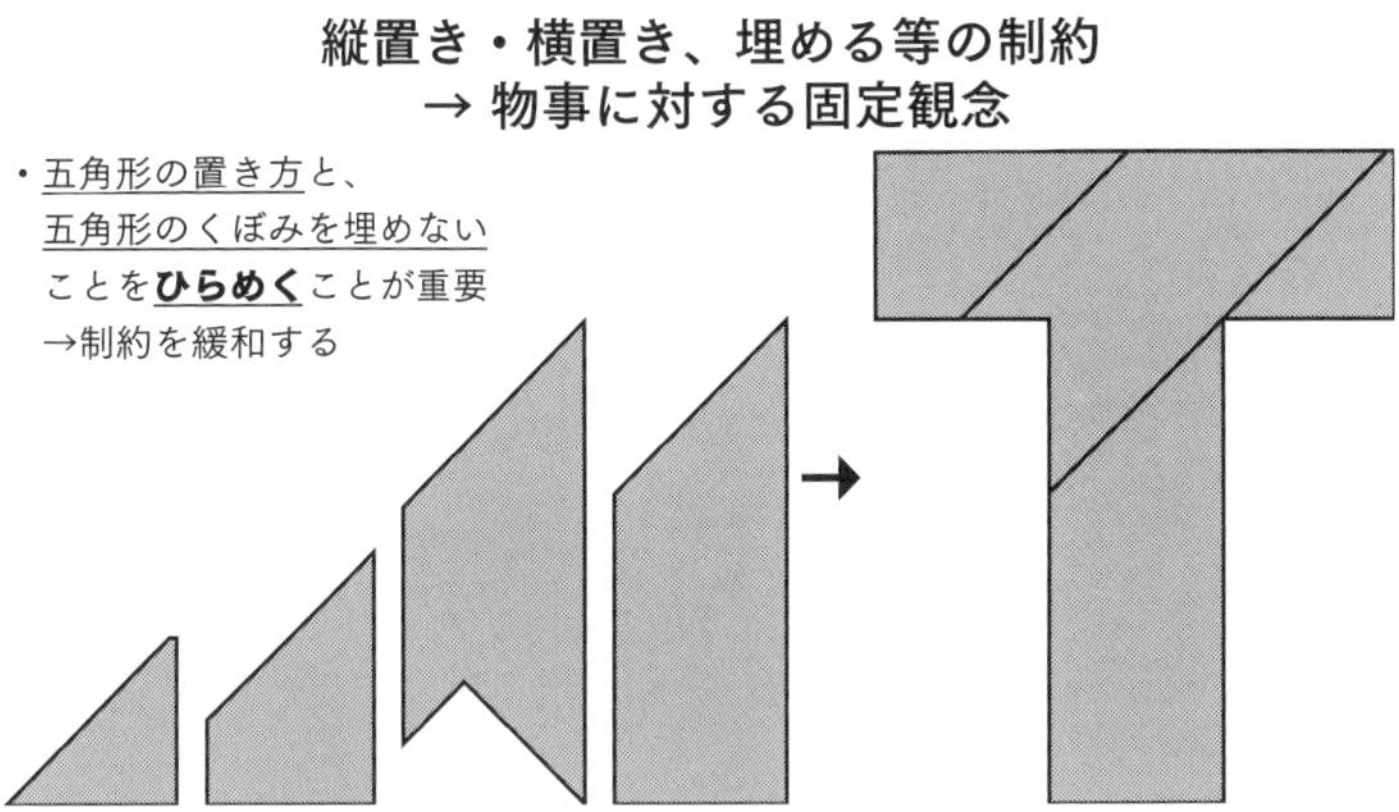
縦置き・横置き、埋める等の制約
→ 物事に対する固定観念
・五角形の置き方と、
五角形のくぼみを埋めない
ことをひらめくことが重要
→制約を緩和する

たとえば、人は直線が使われている形のものを地面に平行に置きたがる傾向があります。

Tパズルをご存じでしょうか。図表21のような4つの木製のピースを組み合わせてT字型を作ったり、他の図形を作ったりするパズルです。このパズルを用いて人間の制約を検討した実験があります。多くの人はこのパズルではTは縦棒と横棒からなっているという心的制約から、Tの縦棒と横棒を個別に作成しようとしてしまいます。さらに五角形のピースのくぼんでいる部分を他の図形のピースで埋めることに大半の時間を費やします。

ただ、それでは永遠に正解に辿り着きません。問題を解決するには、発想を切り替えて、五角形のピースを斜めに置いて、このくぼみを埋めないという発想が不可欠です。このように縦横に綺麗に置く、くぼみは埋めるというような制約を緩和することでひらめくことができるのです。

人は自分が思っている以上に形に対する思い込みが強いことを示すわかりやすい例です。心的制約をなかなか緩和できないのです。人はなじみのある典型例で形を認識しているのです。

たとえば、「白い紙に三角形を書いてください」と言われたら、みなさんはどのような三角形を書くでしょうか。

おそらく、多くの人が「底辺が紙の横辺と平行な三角形」を書くはずです。台形や四角形でも同じでしょう。底辺が紙の横辺に斜めになっている三角形を書く人は、いてもかなり少数でしょう。ですから、先ほどのT字の問題のようにピースを斜めに置いたり、くぼみを埋めなかったりと発想するのはそう簡単ではありません。ここでは主に視覚に影響される制約を紹介しましたが、こうした心的制約がときにはバイアスとなって私たちの意思決定を誤らせたり、判断ミスを招いたりすることもあります。

情報

「少数の法則」と、見たこともない鳥

少数の法則はサンプルの少ない情報を過大評価して一般化する傾向です。回数をこなすと一般化できるものでも、サンプル数が少ないとバラつきがあるのが定ですが、少数の事例で一般化してしまう傾向があります。

わかりやすい例がコイン投げです。回数を重ねれば重ねるほど、表と裏の出る確率は50％ずつに近づきます。ただ、回数が少なければけっこうバラつきがあります。5回しか投げなければ、4回が表で裏は1回の場合もあるでしょう。これは5回しか投げていないからだけなのですが、「このコインは表が出やすいコインだ」と決めつけてしまう

のが少数の法則です。

　これは、人間が帰納推論を使って概念を形成していることと関係しています。帰納推論は経験した事例から推論して一般化する発想です。人は生きていく中でたくさんの経験をしますが、同じような経験はしたとしても、すべてを網羅的に経験できるものではなく、多くのことは、どうしても、限られた経験から一般化をすることしかできません。たとえば、あるスーパーに行って、「牛肉と刺身が安かった」という事実から「このスーパーは何でも安い」と一般論を推測するような考え方です。ちなみに、帰納推論とは逆に何かの法則から具体例を考えることを演繹推論と呼びます。

　こう聞くと、少ない事例で一般化するような帰納推論は誤った答えを導くのではと思われるかもしれません。もちろん導くこともありますが、帰納推論は特別なものではなく、帰納推論がなければ私たちの日常は成り立っていないといっても過言ではありません。

　たとえば、三段論法で簡単に帰納推論を説明してみます。ツバメが飛んでいるところを見て、私たちは「ツバメは空を飛ぶ」という経験的知識を得ます。次に、「ツバメは鳥」ということを教わったとします。この2つから、ゆえに「鳥は空を飛ぶ」という結論を導くことで一般化するのが帰納推論です。人は、この世界を認識するときに、常に帰納推論を無意識に使っているのです。

人の思考はもともと帰納的です。たとえば、乏しい経験的知識と少数の事例しか知らない子どもが世界を認識する場合、帰納推論しか頼りになりません。帰納推論でこの世界の物事をある程度一般化して概念を形成します。帰納推論で一般化して概念を形成することができるため私たちは初めて出会う事象でもその概念に合致すれば理解できるというわけです。

たとえば、多くの人はウサギを「耳が長い」「動物」「かわいい」という属性で認識しています。

ウサギの具体的な種類を知っている人はむしろ少数派でしょう。しかし、いくつかの属性からウサギという概念を形成できているから、大きさや体の色などが自分が知っているウサギとは少し違っている初めて見るウサギでも「これはウサギだ」と認識できます。少数の事例で一般化してルールを形成する能力があるからこそ、迷うことなく、初めて出会うウサギをウサギと理解できるのです。

1000年以上もの間、人が天動説に囚われていたワケ
——「素朴概念」

帰納推論を働かせることで、私たちは初めて出会ったものであっても、すでに見てきたものとの共通点から理解することができます。日常生活のあらゆる場面でいちいち戸惑うことがないのも常に帰納推論や一般化した概念を用いる演繹推論を使っているおかげですが、ときに誤った結論を導くこともあります。

話が前後しますが、四角形の概念がわかりやすい例です。

多くの人は四角形を「4辺のうち1辺が地面に平行に接していて、角は四つ」と大雑把に認識して、四角形の概念を形成しています。ただ、本来、四角形の定義は「4本のまっすぐな直線で囲まれた形」です。ですから、四角形を「4本のまっすぐな直線で囲まれた形」と認識していれば、四角形の一辺が地面に平行になっていなくても違和感を抱かないはずです。

つまり、一辺が地面に平行かどうかは四角形の本質的な条件ではありません。私たちがその形に慣れていることから、誤った形で帰納推論されて、「四角形」を一般化して

しまっているのです。これがバイアスを形成するひとつのメカニズムともいえます。

このように、経験に基づく信念が根強く残る現象は素朴概念と呼ばれています。四角形の定義を知っていれば迷いませんが、見慣れた四角形のイメージを強く信じているからこそ、誤った概念を形成してしまいます。また、素朴概念は必ずしも科学的概念と一致しないことも多く、誤った概念と見なされることもあります。


有名なのが天動説と地動説の論争です。

今の科学では地動説は疑いようがありません。太陽が宇宙の中心に静止し、地球が自転しながら他の惑星とともに太陽の周りを回っています。

ただ、地動説が唱えられるまでは天動説が一般的な認識でした。地球が宇宙の中心に静止して、他のすべての天体が地球の周りを回っていると信じられていました。

人は地球自体が動いているようには感じられないので、他の天体が動いていると思っても全く不思議ではありません。みなさんも、地球が自転しながら公転していると小さいころから学んでいるから、疑問を抱かないかもしれませんが、地球が動いていることはなかなか自覚できないはずです。

ですから、「地球が動いていると感じられない」経験に基づいて帰納推論で世界を理解して、概念形成してしまう時代が長く続いたのです。実際、コペルニクスの地動説が登場した後も、直ちに天動説が廃れたわけではありませんでした。

繰り返しになりますが、人間は帰納推論をする生き物です。ただ、帰納推論は、少数の観察やサンプルに基づいて、一般化して結論を導きますので、少数の法則が影響することもあります。少数の法則に過度に頼ってしまうと、不十分な偏ったサンプルから帰納的結論を出してしまう可能性も高くなります。

フィリップス・デイヴィソンと「第三者効果」

第三者効果はマスメディアの影響を他人事として考える傾向です。テレビや新聞などによって伝えられる内容に他人が影響を受けても、自分自身や自分に近い人はあまり影響を受けないと考えている現象です。特にネガティブなコンテンツにおいて、顕著に現れる傾向があるので注意が必要です。

社会心理学者のフィリップス・デイヴィソンによると、これは個人が社会的に望ましいという行動を維持したい動機に起因するとされています。つまり、人は「マスコミに踊らされないし、マスコミの報道を鵜呑みにしていない」という姿を望ましく思っていて、それを実現したいからではないかとの指摘です。

第三者効果が提唱されたのは1983年でそのころと今ではメディアも大きく変わりました。SNSの普及などメディアは多様化し、新聞やテレビなどマスメディアの影響力は明らかに低下しています。それにもかかわらず、今でもこのバイアスに陥っている人は少なくありません。

たとえば、「私はメディアに踊らされないがテレビや新聞は悪影響だ」とやたらに鼻息が荒い人はこのバイアスが働いている可能性があります。「自分はフェイクニュースや過剰広告にはだまされないが、他人はだまされやすい」と勝手に考えるのもこのバイアスのひとつのあらわれです。

自分に対しての見積もりが甘く、「自分だけは大丈夫」と感じてしまうバイアスはいろいろありますが、第三者効果のようにメディアの情報に関しても確認できます。

選ばれるには理由が必要

人が何かを選ぶときには理由があります。自分の選択を正当化する理由を求めます。ですから、反対に考えれば、モノやサービスが選ばれるには理由が必要になります。

選好の判断、好ましいものを選ぶシェイファーの実験で、ソニーとアイワのCDプレーヤーのどちらを買うか、あるいはどちらも買わないかの実験があります。CDプレーヤーを買いにお店に行ったら本日限りのセール中の場合、どのような選択をするかを調べています。

まず、ソニーの人気モデルが割引価格の99ドル、アイワの最高級モデルが割引価格の169ドルの選択肢の場合、どちらを買いますか、それとも（他機種を見るために）見送りますかと聞いたところ、ソニー27%、アイワ27%、見送る46%となりました。

次に、ソニーの人気モデルが割引価格の99ドルだけの選択肢の場合、買いますか、それとも見送りますかと聞いたところ、ソニー66%、見送る34%となりました。

次に、ソニーの割引価格の99ドルの人気モデルとアイワの通常価格の109ドルの下位機種の2つから選択させると、ソニー73%、アイワ3%、見送る24%となりました。

ソニーの人気モデルとアイワの最高級モデルの場合、どちらも割引価格で、どちらもセール中のため、安価で人気のあるモデルと、高価で洗練されたモデルのどちらが優れているかを判断する必要があり、答えを出すのは簡単ではありません。そのため、多くの実験参加者は、購入見送りを余儀なくされたことがわかります。

ソニー単体で販売される場合は、人気モデルであること、価格が非常に手頃であること、1日限定で販売されていることなど、購入には説得力があります。この状況では、提供された選択肢を正当化する理由があるため、実験参加者の大多数は、購入を遅らせるのではなく、買うことを選びます。

ソニーの人気モデルとアイワの下位機種では選択肢こそ増えますが、アイワはソニーより高価な上、品質も劣るのでソニーを購入する理由を損なうものではありません。ソニーは手頃な価格で、1日だけ販売されており、競合他社よりも明らかに条件が優れているので、アイワの下位機種が加わる前よりもさらにソニーが選ばれるようになります。

本来、ソニーを買うか別の機種を探すかはアイワと関係なく決まるはずですが、ここではアイワの劣ったモデルがソニーの魅力を増大させています。ソニーを選ぶことを正当化するストーリーが与えられているのです。劣った代替案が追加されると、それより優れているオプションの魅力と選択確率が増加する傾向は、おとり効果とも呼ばれています。

専門家の中にはこの実験結果について、「下位機種の選択肢がアンカーになっている」「葛藤が少なく、納得する理由を見出せる状況が購入する選択を促進する」との指摘もあります（友野、2006）。つまり、製品の購入決定については、その製品の性能と値段が注目されがちですが、それらだけでは決まりません。購入するときの理由を見出せるかどうかも購入を決定するのには強く影響を及ぼしているのです。

メニューは多すぎると選べない——「選択肢過剰効果」

選択肢過剰効果は決定麻痺と呼ぶこともあります。チョイス・オーバーロード・エフェクト、オーバーロード・チョイス・エフェクトとも呼ばれます。選択肢が増えれば増えるほど、選択することが難しくなってしまって、ストレスの原因にもなってしまう現象です。

人は複雑で、選択肢が少なければ、心理的な反発を覚えますが、選択肢が多ければいいというものでもありません。

たとえば、ランチを食べに行くにしても「3種類の定食しかないようなお店より、たくさんメニューがあるお店の方がよいのでは」と感じがちですが、実際はメニューが多ければ、検討しなければいけない項目も増えて、意思決定にかかる労力がものすごく増えます。

多くの選択肢の中から選びはしたものの、迷ったことで、「あっちの方が良かったかも」という後悔も引き起こしがちです。その結果として、選んだものに対する自信がなくなるので満足度が低下するともいわれています。選択肢があり過ぎるのも問題なのです。

有名なジャムの実験（Iyenger & Lepper, 2000）があります。スーパーに試食コーナーで6種類のジャムを用意した場合と、24種類のジャムを用意した場合を比べました。その結果、試食コーナーに立ち止まった客の割合は、6種類が40・0%、24種類が59・9%となり、選択肢が多いほど消費者を引き付けることがわかりました。

ただ、その反面、商品を購入した客は、6種類の場合は29・8%だったのに対して、24種類の場合は2・8%でした。その後の研究では、購買後の満足度も、選択肢が多い場合の方が低くなることが明らかにされています。

選択肢過剰効果は「選択の負担」と「満足度の低下」をもたらします。企業もこの弊害を意識して、マーケティングに応用しています。小売業では商品数をどうするか、飲食店ではメニュー数をどうするか。サービスに関しても、手順を複雑にしないで、なるべく簡略化するなど工夫を重ねています。

選択肢が多いほど消費者はお得に感じますが、同時に迷いも生じさせます。迷って決めると、不安が残り、「選ばない商品の方が良かったのかも」と考え始めて、選択に対する満足感が低下します。

自分が何かを選択した場合と選択しなかった場合の比較に関しては、自分の決定を満足させるバイアス（認知不協和理論）もあります。自分が選んだものに対しては良い情報を集めて、選ばなかったものには悪い情報を集めて、自己正当化して自分で自分を納得させます。

ただ、選択肢過剰効果では、この認知不協和理論では解消できないくらいの負担と不安が残ることもあるのかもしれません。

モノ

「ピークエンド効果」は、カスタマーエクスペリエンスに使える

ピークエンド効果は経験の中で最も感情的に強烈な瞬間とその経験の最後の瞬間が全体評価や記憶に強く影響する現象です。

たとえば、映画を見ているときに、その映画の印象は何で決まるでしょうか。映画評論家などのプロの見方を別にすると、盛り上がったシーンと結末で映画の評価は決まりがちです。実際、ラストシーンの描き方だけで記憶に残っている映画や、ラストシーンが蛇足で評価を落としてしまった映画は少なくありません。

ピークエンド効果の検証では、有名な痛みを使ったカーネマンの実験があります。

AとBのふたりに2つの検査を用意しました。Aの検査は短時間ですが終了時に激痛を伴います。一方のBの検査は長時間ですが、終了時の痛みは軽度です。ピーク時の痛みは同じくらいです。さて、検査終了後に、どちらが痛みを訴えたでしょうか。

答えはAです。痛みを感じていた総時間で見れば明らかにBですが、記憶に基づく苦痛の経験にはピークと最後の痛みが強く影響することが、この実験で明らかになっています。

このバイアスを利用しているのがまさに医療で、実際に、痛みや苦痛を伴う治療や検査では最後の部分での痛みを軽減する工夫が凝らされています。そうすることで、患者に「もう二度と受けたくない」と思わせないようにして、治療や検査に対する恐怖を緩和しています。

ビジネスの分野でもカスタマーエクスペリエンス（顧客満足度）を高めるためにピークエンド効果が使われています。イベントやライブ、ショーなどで最も盛り上がるところと最後に凝った演出をしたり、サプライズを用意したりして、顧客の印象に残りやすくします。顧客にうれしい思い出や楽しい思い出として、印象づけることで満足度を高め、リピーターの獲得などにつなげています。

ピークエンド効果は「記憶に残りやすい」という意味では初頭効果と親近性効果とも関係しています。すでにお伝えしましたが、プレゼンなど人の話は最初（初頭効果）と最後（親近性効果）が記憶に残りやすい傾向があります。ですから、みなさんが何かメッセージを打ち出したいときもメッセージの最初、クライマックス、最後を意識して構成することで訴求力が高まります。

記憶の関連でもうひとつ付け加えておくと、フラッシュバルブ記憶も関係しています。フラッシュバルブ記憶は強烈な体験の記憶は鮮明に残るという現象です。長時間連続する中で感情的な瞬間が強く記憶に残るピークエンド効果と似ている現象といえるでしょう。

未来の5万円よりも今の1万円――「現在志向バイアス」

現在志向バイアスは将来の利益よりも今の価値を優先する現象です。冷静に考えれば、将来の利益が大きいのに、短期的な欲求を優先してしまうため、長期的な目標が阻害されます。たとえば、「今すぐ1万円をもらうか、1年後に3万円をもらうか」と尋ねると、今もらえる1万円を選択する人が多いという傾向性です。じっくり考えずにとびついてしまうので、システム1（速い思考）が働いているともいえます。

現在志向バイアスではマシュマロ実験が有名です。子どもたちの目の前にマシュマロを置いて、今1個もらうか、一定時間経った後に2個もらうかと選ばせた結果、今、食べたいと1個もらう子が多くいました。

また、最近では、現在志向バイアスが若年層のおとなしさに与える影響を調査した研究があります。現在志向バイアスが強い若年層ほど、政治や社会問題に対して受け身な態度を示しやすい傾向を明らかにしています。

ですから、現在志向バイアスがあまりにも強すぎると、本当は今取り組まなければいけないことよりも目先の利益を重視して、後回しにしてしまう事態も招きかねません。語学やダイエットがうまくいかない人も現在志向バイアスが強いのかもしれません。

貯金はしないけど掛け捨て保険に入る――「時間割引」

現在志向バイアスは時間割引と呼ばれる概念のひとつともいえます。

時間割引とは、将来の報酬や利益の価値を、現在よりも低く評価する傾向です。時間割引には2つの考え方があります。ひとつは指数割引です。時間が経つにつれて報酬の価値が一定の割合で減少するモデルです。もうひとつが、双曲割引で時間が経つにつれ急激に報酬の価値が下がるモデルです。現在志向バイアスはこの2つのうちの双曲割引にあたります。

時間割引の例としては、将来のために貯金はしないのに、掛け捨て保険ばかりに加入してしまう人があげられます。掛け捨ての保険は返ってきません。今への投資です。今には投資するのですが、将来のことを考えて、その保険料分を貯めておくという感覚はないのです。

家具メーカーＩＫＥＡから名づけられた「ＩＫＥＡ（イケア）効果」

イケア効果は、人が自分で組み立てた製品や手を加えたモノに対して、実際の価値以上に愛着や高い評価を与える傾向です。スウェーデンの家具メーカーのＩＫＥＡ（イケア）に由来します。ご存じの人も多いと思いますが、イケアの商品は原則、自分で組み立てる仕様になっています。ですから、イケアの家具を組み立てることで家具に愛着がわくことからイケア効果と呼ばれています。

イケア効果を明らかにした研究では、労働や努力が価値を感じさせる要因となって、自分が手を加えたモノに対して高い愛着や評価を与えると結論づけています。もちろん、イケアの商品に限定されている効果ではなく、DIY（Do It Yourself、プロではない人が自分の力で小物や家具を作ったり、壁紙や床の修繕・張り替えを行ったりするなどの活動）を対象にした実験でも、同じように作ったモノに愛着がわくことがわかっていて、イケア効果を実証しています。

イケア効果には続きがあって、同じ研究グループが、自分で手を加えたモノは経済的な価値観も変わることを指摘しています。労力をかけたモノは市場価格以上の価値があると当人は感じる傾向にあることを明らかにしています。

「お試し後30日間は気に入らなければ返品可能」──「保有効果」

イケア効果は自己拡張理論と関連しています。自己拡張理論は自分が手を加えたモノに対して、自分の一部としての感情を抱きやすくなる現象です。実際に愛着がわくという意味で、自己拡張理論との関連をイケア効果で検討した研究もあります。

さらに、自己拡張理論と関係が深いのが保有効果です。保有効果は一度手にしたものはなかなか手放そうとしない傾向です。自分が所有しているものを売却しようとするとき、手に入れたときの価格より高く評価するのは保有効果のあらわれです。

保有効果は自己拡張理論と損失回避の両方に基づいているといわれています。

自己拡張理論は1回持ったモノは自分のモノであり、自分の延長にあるモノだから、愛着もわいているので、価値が高まります。また、自分が手にしたモノを失って損をしたくない損失回避も影響しています。所有物を自分の延長と考え、失うことを避け、モノに対して当初の価値以上の価値を感じます。自分で手を加えたモノを大事にするという観点からは良い効果のようにも思えますが、気を付けるべきこともあります。

企業はこの保有効果を巧みに使っています。たとえば、商品の無料キャンペーンです。「お試し後30日間は気に入らなければ返品可能」という形で売り出している商品はすべて、保有効果を狙っています。

消費者はどのような経緯であれ、一度、手にしてしまうと保有効果が働き、なかなか手放せなくなります。期間限定の無料キャンペーンは企業の良心的な取り組みではなく、消費者の認知バイアスをうまく使った手法でもあるのです。

保有し続けるということは現状を維持することです。ですから、保有効果は現状維持バイアスとも似ています。現状維持バイアスは現在の状況や選択を維持する心理的傾向です。今の状態よりも危険にさらされることを回避したり、変化のリスクを追わなかったりする現象が起きます。変化や損失を避ける点で保有効果と似ています。
違いも明確で、保有効果は特定の所有物やモノに対する個人的な心理的傾向です。一方で現状維持バイアスは状況や選択肢に対しての傾向といわれています。

コカ・コーラ社はロゴも、広告も自販機も赤にしているのは「単純接触効果」狙い

単純接触効果は人が特定の対象に対して、繰り返し接触することで、その対象に対する好意や評価が高まる現象です。第3章でも触れましたが、対象が人だけでなくモノであっても頻繁に起きるのでこちらでも取り上げます。特に企業はこのバイアスを念頭に置き、消費者に対してあらゆる手段で多く接触しようとしています。

そうはいっても、「接触しただけで好感度が上がるなんて信じがたい」と感じている人も多いでしょう。実際、そうした疑問を抱いた人は研究者の中にも大勢いました。1968年から1987年の20年分の単純接触効果について調べた論文を集めて、分析した研究があります。このような多くの研究成果をまとめ検証することをメタ分析といい、これまでの研究を総合的に分析しています。その結果、大きく3つのことがわかっ

ています。

まず、単純接触効果の頑強さです。

単純接触効果は、視覚や聴覚の刺激でも効果が確認されています。内容についても特定の場面だけでなく、いろいろな状況で一貫して効果が確認されています。触れるモノは問いませんし、どんな場面でも効果があったのです。

次に、最適な接触回数です。

接触すればするほど好感度が高まりますが、接触回数が多すぎても好感度が下がることがわかっています。何回が適切かは状況によって変わりますが、接触回数が少なすぎると効果が弱く、多すぎても好感度が下がる傾向があります。適度な接触回数があることが示唆されていて、「やり過ぎは禁物」であることが明らかになっています。

もうひとつが意識と無意識です。

意識的に何回も接触するよりも、無意識に繰り返し接触する方が、効果が高まる傾向があります。

このメタ分析は単純接触効果の頑強さを改めて示す結果になっています。理論的な背景も考察されていて、単純接触効果は親近感や認知的不確実性の低減、肯定の感情が関わっていると指摘されています。回数を重ねることで、接触して何も起こらない、大丈夫という情報を認知し、安心感が高まって、肯定の感情につながっている可能性が高いのです。

単純接触効果は多くの企業が戦略に採用しています。その効果を実証した実験もあります。ブランド名やパッケージに偶然接触し、その後それを自覚的に思い出せなくても、そのブランド名やパッケージの好感度が上昇することがわかっています。意識的に注意を払っていなくても、単に繰り返し視覚的な接触があるだけで、消費者の評価に影響を与える可能性が大きくなります。ですから、企業はいかに消費者との接触回数を増やすかに躍起になるのです。

たとえば、テレビCMなどの広告を繰り返し流したり、目につきやすい場所に店舗を設置し、店舗名やロゴを見えやすくしたり、ブランドのロゴを覚えやすいように工夫します。コカ・コーラ社はロゴも広告も自販機も赤で、一目見てコカ・コーラとわかるようにすることで認知度を高めています。また、ナイキはスローガンのJUST DO ITをロゴやCMで繰り返すことで、消費者に強烈に印象づけることに成功しています。

最近では、SNSでの継続的な発信も効果があります。一度に大々的に発信するのではなく、少しずつでも継続的に発信することで認知度を高められます。また、イベントやプロモーションを定期的に実施することで、消費者との接触機会をたくさんつくって、好感度を高める狙いがあります。

出来事

ありえない価格のスマホがあるのは「おとり効果」のため

おとり効果は明らかに選ばれない選択肢を紛れ込ませることで意思決定を変化させる現象です。

たとえば、性能は良いが価格が高いスマホAと、性能は劣るものの、Aよりも価格が安いスマホBがあります。みなさんはどちらを選びますか。

おそらく悩むはずです。ただ、二択での購買の意思決定は価格が決め手になるケースも多いので、安いという理由でBを選ぶ人が多いかもしれません。

ところが、ここにスマホCが加わったらどうでしょうか。スマホCはスマホBよりも性能は優れているものの、スマホAの性能には及びません。価格はスマホAよりも高く設定されています。

スマホCは性能面でも価格面でもAに劣っています。冷静に考えればありえない選択肢です。Cを選ぶならばAを選ぶはずです。それこそが狙いです。Cが選択肢として現れたことで、BはCに性能が劣っていることで魅力が下がり、Aの魅力が増します。Aを選ぶ人が二択のときより増える傾向があります。CはBを選ばせないでAを選ばせるおとりとして機能したわけです。

この心理は三択の場合はおとり効果だけでなく、極端回避性とも関連しています。価格などがやや高くても真ん中が好まれる傾向です。価値が低いのに価格が高いCが入ってくることで、Aの割高感が薄れ、選択しやすくなります。

当然、企業は頻繁に「おとり効果」を活用しています。マーケティングや製品やサービスの価格設定で使われていますので、何かを買う際には極端な価格設定のものがあれば「これは、おとりかな?」と考えてみると、商品選びも変わってくるかもしれません。

人は比較によって価値を変える――「相対評価理論」

おとり効果は学術的にも実証されていて、「新たに追加された、明らかに劣る選択肢によって影響を受ける現象」とされています。つまり、人は選択肢を絶対評価するのではなく相対評価する傾向があります。これは「相対評価理論」と呼ばれることもあります。

たとえば、車を買うにしても、新車で買うか、中古車で買うか、どの車種を買うかなどをいろいろ考えますが、何かを基準にして比較してしか決めようがありません。市場で売買されている車を、自分が知り得る情報の中から選択します。

そして、選択肢の評価は単独ではなくて、比較する選択肢の文脈で変わります。これを文脈依存性と呼びます。性能が良いか悪いか、価格が安いか高いかは比較でしか生まれません。比較する対象によって、おとり効果が働いて、誘導されることもあるわけです。

同じニュースが「暴動」にも「デモ」にもなる

人が比べるものによって見方を変えるバイアスに関係する現象は他にもあります。以前に紹介したアンカリング効果もそのひとつです。最初に提示された数値や情報がその後の意思決定に影響を与える現象です。

また、フレーミング効果も当てはまります。同じ状況でも肯定的に提示された場合と否定的に提示された場合で、人々の意思決定や判断が変わる現象でした。たとえば、同じ出来事でも「暴動」と報道された記事と「デモ」と報道された記事では受け手の印象は全く変わります。「暴動」の記事を読んだ人は、出来事に否定的な感情を持つ一方で「デモ」の記事を読んだ人は、出来事に対して寛容、合法的な抗議行動と見なす傾向があります。

言葉の持つイメージはみなさんが思っている以上に影響力があります。どのような言葉を使うかで、他人を誘導することもできますし、反対に自分の意図と全く別の方向に他人が動くこともあります。みなさんも人に説明したり、説得したりする機会が日常生活では避けられないはずです。そうしたときにどのような言葉を使うかを少し意識するだけで、意図しない結果を避けられる可能性も高まるかもしれません。

また、デフォルト効果も見逃せません。最初から設定されている選択肢や簡単に選べるものに判断が偏る心理的傾向です。

カテゴリ依存性は特定のカテゴリに分類して評価する現象です。たとえば、同じ製品でもそれが日用品に分類されている場合と、高級品に分類されている場合では比較基準が変わります。同じモノなのに同一基準で人は考えない傾向があります。同じモノでも「日用品だったらこの価格で買おう」「高級品ならこの価格まで出していい」とカテゴリ分けして、カテゴリが同じモノの中で選択肢を比較して、判断しがちです。

「ところでゴリラは見ましたか？」――「選択的注意」

「選択的注意」は周囲に存在するさまざまな情報や刺激の中から、特定のモノに焦点を当てて意識的に処理する能力です。

人間は刺激に対してすべてを処理していません。人は特定の刺激しか情報処理できていません。目立つものであったり、意識が向くものであったり、気になるものであったり。その時々の状況によりますが、人が認識しているモノは自分自身で考えているよりかなり限られています。

では、どのように私たちは選択しているのでしょうか。

ひとつがフィルタ理論です。人間が情報処理をするときに早い段階で不要な情報をフィルタリングする現象です。見た瞬間に不要な情報を切り捨てたり、そもそも見なかったり、重要なものしか見ない傾向があります。

もうひとつが減衰理論です。フィルタ理論ほど極端ではなく、不要な情報も弱めながら一部処理している状態です。

選択的注意のわかりやすい現象としては、カクテルパーティー効果があげられます。カクテルパーティーのように大勢がバラバラに会話している状況でも、自分の名前や興味のある話なら聞き取れます。誰もが当たり前のようにやっていますが、考えてみれば不思議な現象です。パーティーみたいにどんなに多くの人が一度に話していて騒がしい状況でも、気になっている事柄や自分の名前が聞こえてきたときは聞き洩らしません。もし選択的注意をしていなければ、すべての音が同じように聞こえるので、自分の関心事だけ耳に入ってくることはありえません。これは選択的注意のプラスの側面であるともいえます。

選択的注意をうまく使えば、注意を向ければ向けるほど、よく見えたり聞こえたりするようにもなります。ただ、その能力は両刃の剣でもあり、マイナス面もあります。たとえば、最近の研究では、音楽を聴きながら別のことをする「ながら作業」は音量の大小によらず作業効率が悪くなるとされています。音楽は選択的注意を強く引き付けるため、音量によらず作業効率が下がる可能性が指摘されています。

選択的注意にはシモンズたちのとても有名な実験があります。黒色と白色のシャツを着た人々がボールをパスし合う25秒の動画を実験参加者に見せます。

見せる前に実験参加者には「白いシャツが何回パスをするか数えてください」と指示します。ボールを追っかけるのは簡単ではありませんが、白いシャツに注目すれば数えられないスピードではありません。

パスの回数を答えてもらった後、実験者は実験参加者にこう尋ねます。「ところでゴリラは見ましたか?」。実はゴリラの着ぐるみを着た人が途中でかなり大胆に画面を横切っている(9秒間)のですが、約半数の人が全く気づかなかったのです(興味がある方は、「Selective Attention」で動画検索してみてください)。これは「白いシャツとパス」に過度に注意を奪われているから起きた現象です。視覚的に明白であっても、人は意図的に注意を向けないと見落とすことを示しています。

職場で「そんなの聞いていません」という事態が起きるのも選択的注意とは無縁ではありません。人間はひとつのことを考えると、他のことに注意がいかなくなってしまいます。「そんなの聞いていません」と言ってしまう人は会議中に全く別のことを考えていたのでしょう。その結果、大切な話を聞き洩らしてしまうわけです。これは非注意性盲目とも呼ばれています。

会話の相手が別人になっても、「変化の見落とし」で気づかない

選択的注意は、大きな変化にも気づかない「変化の見落とし」にも関係しています。どれくらい大きな変化かというと、会話している人が別人に入れ替わっても気づかないほどです。「そんなこと、あるわけない」と感じたかもしれませんが、実際にそれを示した実験があります。

実験では、学生が建物の方向を尋ねるために歩行者の足を止めさせます。一緒に地図を見ながら歩行者が質問に答えている間にドアを運んでいるふたりが学生と歩行者の間を歩いて、歩行者の視界を瞬間的に遮ります。この間に学生はドアを運んでいる人の一

図表22 選択と判断における3つのエラー

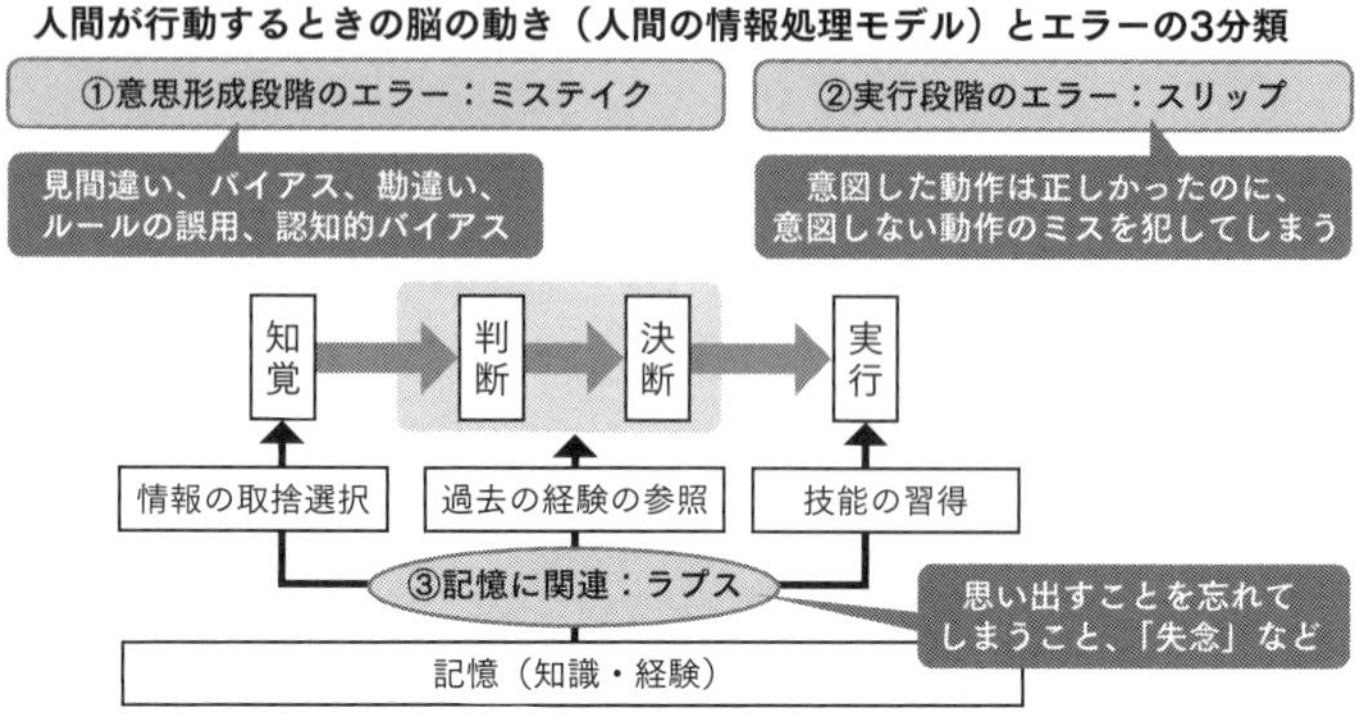

人間が行動するときの脳の動き（人間の情報処理モデル）とエラーの3分類
①意思形成段階のエラー：ミステイク
②実行段階のエラー：スリップ
見間違い、バイアス、勘違い、
ルールの誤用、認知的バイアス
意図した動作は正しかったのに、
意図しない動作のミスを犯してしまう
知覚
判断
決断
実行
情報の取捨選択
過去の経験の参照
技能の習得
③記憶に関連：ラプス
思い出すことを忘れて
しまうこと、「失念」など
記憶（知識・経験）

出典：（財）消防科学総合センター（2007）「消防職員の公務災害防止を考える―個人の行動特性の理解―」
及び松尾太加志（2001）「ヒューマンエラーへの認知工学的アプローチ」、BME15-5, 2001を参考に作成

人と入れ替わります。歩行者にとって会話の相手は別人になったわけですが、違う人と話していることに気づかず話し続けます。歩行者の半数以上が会話の相手が入れ替わったことに気づきませんでした。ちなみに、話し手の顔にうまく注意を引き付けると、この変化の見落としの効果はかなり減少しました。どこに注意を向けさせるかがいかに人間の認知を変えるかを物語っています。

選択と判断における3つのエラー

人間の情報処理のプロセスには3つのエラーがあるといわれています。

図表22を見てください。まず意思形成段階のエラーです。知覚して判断して決断するま

でのプロセスのエラーです。これをミステイクと呼びます。聞き違いや見間違い、認知バイアスもここに含まれます。

次に実行段階のエラーです。これをスリップと呼びます。判断して決断して意図した動作は正しかったのに、意図しない動作のミスを犯してしまう状態です。

そして、最後に記憶のエラーです。思い出せなかったり、思い出すことを忘れてしまったりするエラーです。「失念」という概念が当てはまります。ラプスとも呼ばれます。

人間のエラーといってもこのように一概にはいえません。行動も脳の働きも違います。みなさんが、何かおかしな状況に陥ったときはどこにエラーがあるかの参考にしてください。

人は「リスクのニュース」に踊らされる

選択的注意はメリットもあればデメリットもあることは理解いただけたと思います。特に緊急時などは特定のリスクに集中すると、他のリスクが見えなくなる傾向があり、危険です。特定のリスクの危険性を弱めようとすることで、全体のリスクの高まりを招きかねません。

こうした事態を招きかねないのがメディア報道です。メディアによる注意喚起は重要ですが、あまりに取り上げるリスクが偏り過ぎると、選択的注意が操作される可能性があります。たとえば、洪水のリスクばかり報道されると、洪水以外に対するリスクを軽視する傾向が生まれかねません。もちろん、洪水対策は重要なのですが、当然ですが私たちの生活のリスクは自然災害だけでなく、犯罪や健康など多岐にわたります。

まとめ

- 本章ではモノや出来事、状況など、人以外のものに関する認知バイアスを紹介した。
- 私たちは情報が多いと処理できず、円滑に意思決定するためにも経験則で判断せざるをえない。モノに対する判断でもそれは同じ。
- 私たちのモノに対する意思決定の仕組みをうまく使っているのが企業である。たとえば単純接触効果で、私たちは無意識のうちに接触することで、自然と企業や商品に対する好感度を高めている。
- 現実的にそうしたアプローチを遮断することは不可能である。しかし、企業が私たちの認知に対して戦略的に接触していることを知っておくだけで社会の見え方も変わってくるはず。

EPILOGUE

認知バイアスと うまく付き合うために

「認知バイアス＝すべてが悪」ではない

さて、ここまでで私たちが陥りがちな思考のクセ＝認知バイアスについて紹介してきました。おそらく、みなさんの中には「想像していたよりも当てはまったバイアスがあったから直そう」「これからは認知バイアスが働かないように心がけよう」と思った人も多いかもしれません。

認知バイアスをもたらす要因はいくつかありますが、最も大きいのは私たちの思考です。人間には直感的、感情的な思考（システム1）と論理的な思考（システム2）があります。そして、認知バイアスが作用するのは、冷静な判断ができないからであるのは間違いありません。経験則で判断するシステム1で判断してしまうからです。

ただ、システム1が悪いわけではありません。人間は時間と記憶容量が無限ではない世界で生きています。何をするにしても少なくとも「時間」の制約と「記憶容量の制約」

からは逃れられません。人間は常に合理的に考えられるわけではありません。そもそも、みなさんが毎日、迷いもせずに通勤できるのも、車にひかれないで道を歩けるのもシステム1のおかげです。いちいち、すべての選択肢を判断して、実行していたら、日常生活に支障をきたします。

実際、最近は「人間が合理的に考えられないことは、果たして悪いことなのか」という指摘もあります。合理的に考えられない人間は愚か者だと切り捨ててよいのだろうかという投げかけです。

「経験則」は合理的判断と同等以上

この主張の急先鋒が心理学者のゲルト・ギーゲレンツァーです。彼は、経験則による意思決定を悪とする立場を痛烈に批判しています。俊敏で簡潔な判断が合理的判断と同等以上の威力を発揮すると主張しています。

彼は「(経験則から)最も良い手がかりを選択して、あとは無視せよ」という説を唱えています。たとえば、「2つの町のうちどっちが大きいか」と聞かれたとき、人間は基本的に自分が知っている町を大きいと評価する傾向があるらしいのですが、そうした経験則による回答の正答率は低くないそうです。

ギーゲレンツァーが異端なわけではなく、経験則による意思決定は決して悪いものではないとする研究者は少なくありません。

日本でも最近、バイアスの概念について再考しましょうという気運があります。

2023年の日本認知科学会の創刊30周年記念論文集に意思決定論の研究者と認知心理学の研究者によるバイアスの概念を再検討する趣旨の紙上対談が掲載されています。ネガティブな意味で用いられやすいバイアスの概念を問い直す内容です。

そこでは、「バイアスが現実世界の予測、バラつきを統制し、認知的な制約など、いろいろな制約の中で効率的に判断や意思決定を行う適応的な機能である」と肯定的な評価が示されています。

自分の「無意識の偏見」を知る

とはいえ、バイアスは偏見も生みます。バイアスを悪と捉え過ぎないようにしましょ

図表23 IATの測定方法①

・「女性」と「家庭」の組み合わせの方が反応時間が短い

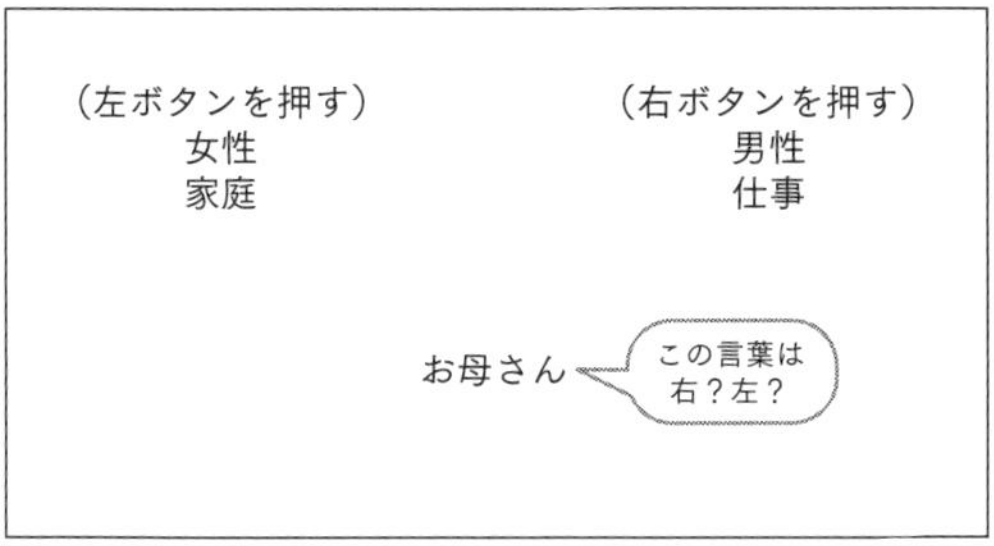

(PC画面)

図表24 IATの測定方法②

・「女性」と「仕事」の組み合わせの方が反応時間が長い

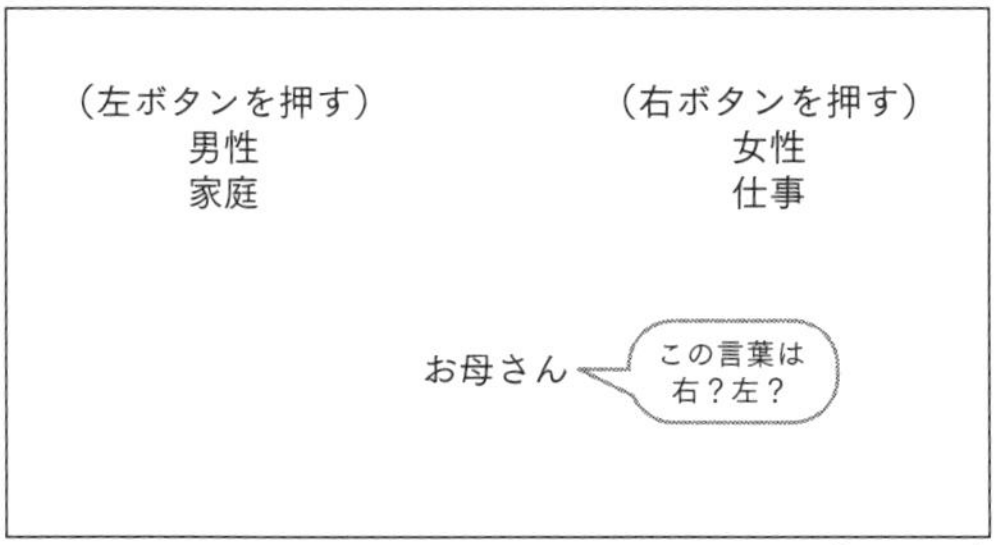

(PC画面)

という流れが一部ではありますが、無意識の偏見（アンコンシャスバイアス）は知っておいた方がいいでしょう。実際、大学や企業でもアンコンシャスバイアスについて理解する研修が実施されるようになってきています。

自分がどれだけ無意識の偏見を持っているかを測定するテスト（潜在連合テスト）もあります。ハーバード大とワシントン大の研究者らが開発したＩＡＴ（Implicit Association Test）というテストが広く使われています。

図表23と24のようにテストではパソコンの画面に単語や絵を次々に表示し、それが「男性」「仕事」「女性」「家庭」のどれと関係しているかを素早く判断させます。

このとき、「男性と仕事」「女性と家庭」をセットにした場合と、「男性と家庭」「女性と仕事」をセットにした場合の反応時間の差から、「男性＝仕事、女性＝家庭」の結び付きの強さを測ります。反応時間に差がなければ、「男性＝仕事、女性＝家庭」という偏見を持っていないことがわかります。自分がどのような偏見を持っているかを知るセルフチェックの手段になります。

認知バイアスとの、うまいお付き合いの仕方

バイアスからは良くも悪くも逃れられません。全くバイアスがない人もいません。うまく付き合えばいいのです。

方法としては、次の点に気を付けましょう。

・自分の偏見を知る

前述したテストを受けるなどして、自分にはどのような偏見があるかを把握する（参考：心理学ミュージアム https://psychmuseum.jp/show_room/iat/）。

・すぐに決めない

時間がある場合はよく考えて決める。

・別の視点や反対の立場について考えてみる

自分に都合の良い判断をしていないか、立ち止まる。

・あまり少ない事例だけで判断しない

他の考え方はないのかと反芻してみる。

・他者の意見も聞いてみる

自分一人で即断しない。

・直感を過信しない

少し立ち止まってみる。

- 批判的思考の視点を持つ

根拠を重視する。

バイアスとうまく付き合う方法で、最後にあげた「批判的思考」についてもう少し説明します。

批判的思考とは証拠を重視したり、事実に基づいて検証したりすることです。研究者の世界では科学的証拠と呼びますが、「信ぴょう性がある理由はあるか」「情報の出ている大本は何か」「それは信じられるか」などを調べることです。

そのためには、直感だけに頼らない論理的思考が求められます。じっくり考える姿勢です。即断せずに根拠を考えなければいけません。多角的に考えたり、反証する情報を集めたりします。自分の偏見や思考のクセを知っておくことも大切になります。

トーマス・ギロビッチの「後悔しない決定」

そもそもの話になってしまいますが、良い決定とはどのような決定でしょうか。認知バイアスによって誤った判断をしてしまうことがあるということは、反対に「良い判断」もあるということになります。

誤った判断は、健康や命などが危険にさらされたり、人間関係が壊れたりするなど、悪い結果をもたらすことと考えられます。誰も身体に害になったり、他者との関係がおかしくなったりする判断を「良い判断」とは捉えないでしょう。

ただ、一方で「良い判断」が何かを定義したり説明したりするのは簡単ではありません。たとえば、自分の気は進まなくてもお金が儲かる経営コンサルティングの仕事と、やりたいけれども儲からないミュージシャンの仕事のどちらに就くか、その人にとってどちらが「良い判断」かの見極めは簡単ではありません。

結論からお伝えしますと、良い意思決定とは合理的か非合理的かにかかわらず自分が最も満足する決定です。

ですから、いくら高給であっても「私にはミュージシャンしかない」と強く感じるのならば、コンサルの道は選ぶべきではありません。ただ、決定に満足したとしても、時間が経てば満足の基準が変わる可能性もあります。ミュージシャンとしてあまりにも売れないため、数年経ってから「やはり、コンサルになれば良かった」となっても不思議ではありません。

もちろん、逆の場合もあって、コンサルとして成功すればするほど、ミュージシャンの道を諦めたことを悔やむ可能性もあります。

そこでみなさんにご紹介しておきたい有名な研究が、トーマス・ギロビッチの「後悔しない決定」です。

「行動したとき」「行動しなかったとき」の後悔に関する研究です。両者にどれくらい違いがあるかを明らかにするために、後悔の対象となった出来事の記憶や、後悔の強度を調査しています。

結論としては、行動したときの決定の場合、失敗するととても落ち込みますが、長期的に見ると、「行動した後悔」はあまり残りません。時間が経てばそこまで引きずらないそうです。

一方、「行動しなかった後悔」は「あのとき、やっておけば良かった」と考え続ける傾向があり、後悔が長く残るそうです。

たとえば、子どものころ、勇気がなくて好きな人に声をかけられないうちに相手が遠方に引っ越してしまったことを忘れられないのは「行動しなかった後悔」を引きずっているからかもしれません。行動した後悔より行動しなかった後悔の方が深く残るわけです。

ですから、自分が意思決定して悔いはない基準を明確にしつつ、長期的な視点で考えることが結果として、後悔を減らすことにつながるでしょう。たとえば「大学在学中にデビューできなかったらコンサルになる」のように目標を設定して、行動することで、後悔しない人生を送れるかもしれません。

最後に問う。結局、認知バイアスは必要なのか？

認知バイアスはときに困ることを引き起こしますが、専門家ですら人間の判断を縛る認知バイアスから逃れることはできません。

最近の研究の動向では、「完全な悪」とは言い切れないとの指摘が多く見受けられます。何かを熟慮せずに判断する場面には役立っている面は否定できません。人が生きていくためには必要なものなのです。

「ナッジ」がわかりやすい例であるように、人間が認知バイアスから逃れられない前提で行政の制度が整えられてもいます。政策の立案者は認知バイアスを意識して、納税や医療、健康・福祉、気候変動の緩和といった問題に関して人々がより良い意思決定を下すよう促しています。

そもそも、私も含めて人間は完璧ではありません。常に論理的に判断して、利益を最大化するように行動する、競争大好きな超合理主義者などいたとしてもごくわずかなはずです。何かを判断する際に偏見を少なからず持ってしまうのが人間でもあります。

そして、それは決して悪いことではありません。過剰に働けば危険ですが、そうした認知のゆがみや思考のクセは自分自身の心を守るために長い歴史の中で備えられてきた思考でもあります。

他人よりも自分に甘く判断したり、自己中心的に考えたり、時間や情報が限られる中で経験則で判断したりすることで、私たちのメンタルが保たれている面は否めません。そして、良くも悪くもそうした中で私たちの認知バイアスが強化されている可能性もあります。

生成ＡＩでバイアスが強化される懸念

最近は「ＡＩ（人工知能）に聞けば、どうにかなる」という風潮が強まっています。特にＣｈａｔＧＰＴなど生成ＡＩ（コンテンツを新たに生み出すＡＩ）が普及してからは「ＡＩに頼めばなんでもやってくれる」とすら考えている人も少なくありません。実際にＡＩにレポートを書かせる学生もいれば、ＡＩに会議の企画を考えさせるビジネスパーソンもいます。

確かに生成ＡＩは有能です。弁護士や会計士、医師など「勝ち組」と呼ばれた職業ですら、ＡＩが代替可能との指摘もあります。実際、医療の画像診断では医師よりもＡＩの方が精度が高い領域もすでにあります。

もしかすると、みなさんの中には「優れたＡＩに意思決定を完全に任せてしまえないだろうか。そうすれば人間の認知バイアスによる問題はすべて解決することになるはずだ」と考えた人もいるかもしれません。

これは一見、合理的です。人間がどこまでも認知バイアスから逃れられないのならば、人間に判断させなければいいのです。しかし、どのような国においても先進企業においてもこうしたケースはまず見られません。

ただ、気を付けなければいけません。生成ＡＩは存在するデータを分析して、そのデータから新しいコンテンツを生成しています。存在するデータに間違いがあったり、存在するデータの中にゆがめられた情報がたくさん入っていたりしたら、どうなるでしょうか。当たり前ですが、まともなアウトプットは期待できません。それどころか、恐ろしいことに、使えば使うほど、どんどん間違いやゆがみが強化される可能性があります。

また、生成ＡＩのプログラムには設計する人の考えも加わります。生成ＡＩのシステムそのものにも人間のバイアスがないとは言い切れません。ですから、データにも設計にも偏りがある可能性があります。

当然、その状況で解析されたデータをずっと使っていけば、極論を語れば、多くの人がどう考えるかの方向性すら認知バイアスに基づいて動いてしまう可能性もあるのです。

自分の好む情報「だけ」に囲まれる
――「フィルターバブル現象」・「エコチェンバー現象」

情報があふれる現代で認知バイアスを助長する可能性があるのがフィルターバブル現象とエコチェンバー現象です。

フィルターバブル現象はインターネットを通じて見たり、探したりする情報が、自分の意見と同じや賛成のもの、似ているもの、好きなもの、興味のあるものに限られてしまう状態です。

エコチェンバー現象のエコチェンバーとは「音が反響する部屋」の意味で、そこから、情報や意見が「反響」し続けるネットの状況を表しています。SNSなどでは、アルゴリズムによって自分の興味や関心に合うような情報が優先されて示されるので、違う意見や情報に触れる機会が少なくなります。

いずれも似たような状況を指す用語で、自分の好む情報「だけ」に囲まれ、他の意見を受け付けず、情報が極端に偏った状態になります。

こうした状況を解消するには、SNSやネットニュースが提供する情報は、その時点でアルゴリズムによって選別されたもので、偏りがあることを認識する姿勢が欠かせません。

そのことを認識した上で、自ら幅広く情報を探しにいくことが重要になります。

また、情報源に敏感になるとよいでしょう。ニュースソースを必ず確認して、信頼してよいかの確認を怠らないことで、情報の偏りを避けられる可能性は高まります。

批判的思考を働かせて、証拠を確認したり、反対意見を検討したりすることも有効です。

科学的知識がないとだまされる——「サイエンスコミュニケーション」

ネット空間の情報は玉石混淆です。特に科学の知見がないとコロッとだまされてしまうような情報も少なくありません。そこで最近、注目されているのがサイエンスコミュニケーションです。

サイエンスコミュニケーションとは健康・食品・災害など、科学的に検証された情報を科学者同士だけではなく、市民にもわかるように説明して科学コミュニティと市民コミュニティとの理解の齟齬がないようにすることです。

英国の王立研究所による市民向け講座のようなものが原点だといわれています。電磁誘導の法則を発見したファラデーが1860年のクリスマス休暇に王立研究所で開いた少年少女向けの科学講演の記録が残っています。

ロウソクはなぜ燃えるのか、燃えた後に残るものは何か。ファラデーは燃焼という化学反応を水素、炭素、酸素が織りなす物語として語りました。クリスマス講演は英国で今も続いています。

科学的情報の誤解における認知バイアスの影響はみなさんの周辺に少なくありません。

そのひとつが、分母無視です。人は分子の数に注目して、分母を無視する傾向があります。たとえば、宝くじ売り場の当選数です。「年末ジャンボの1等が過去何回も出ている」などの宣伝文句があります。そうした売り場は暮れになると大行列ができます。もちろん「夢を買う」のは自由です。ただ、行列に並んでいる人たちは、その売り場でこれまでにどのくらいの枚数が販売されているかにはあまり気にかけていないのではないでしょうか。

つまり、分母を無視しているのです。そもそも、宝くじの年末ジャンボの1等の当選確率は2000万分の1です。これは東京都と埼玉県の人口の総数に一人の確率です。

その売り場で1等が出たところで、統計で考えれば1等を当てるのは非常に確率の低い話なのです。

同じように投資の成功例の話も分母無視に当てはまります。「元手10万円から株式投資で数億円を儲けた」ような話がメディアやインターネット空間ではもてはやされていますが、株式投資で失敗して一文無しになった人は山のようにいます。タイミングが違えば成功者と同じ様に投資しても成功できるわけではありません。

そもそも、誰もが成功したら日本は億万長者だらけになっているはずです。そうでない現状を考えると、いかに成功するのが難しいかはわかるはずですが、それでも、「自分はできる」と考えがちです。「分母から導き出す確率」を意識することが正しい決断につながります。

分母無視は、科学情報が不確実性を持つことへの理解が少ないことに加えて、共変関係の誤謬（プロスペクト理論の確率加重関数）も関係しています。人が小さい確率を過大評価して、大きい確率を過小評価してしまうことで誤解が起きます。

ここには確証バイアスも働いています。人は自分の信念を支持する情報を優先して受け入れて、反対の情報を無視しがちです。

科学情報の誤解にはアンカリングも影響する可能性があります。情報の受け取り方において、最初に提示された情報（アンカー）がその後の判断に強く影響してしまって誤解を生みかねません。特に今は情報があふれていて悪質な情報も少なくありません。科学的知見を育むことでアンカリングの罠に陥らないことは以前よりも重要になっているかもしれません。

現代社会では判断すべき事柄が複雑になり過ぎていて、誤った判断を招く要因も増えています。

つい、ＡＩなどテクノロジーの力に頼りたくなりますが、テクノロジーも人が生み出しているものである以上、そこには認知バイアスの入り込む隙があります。私たちは結局、ＡＩが完全無欠に見えたところで、どこまでも認知バイアスからは逃れられない現実に向き合うべきでしょう。

弱点を持った私たちが正しい判断をするためには基本を忘れないことに尽きます。個人にまずできることは、「それは本当か」と疑問を持ち、確認する習慣を身につけることです。常に「それは本当か」の意識を持つことが、みなさんを誤った判断から救うことになるはずです。

COLUMN　先人たちも知っていた認知バイアス

ことわざや故事、名言の中には認知バイアスの負の側面を言語化して、教訓にしているものが少なくありません。

また、ときに認知バイアスのプラスの面とマイナスの面が場合によって全く逆に働くのと同じように、ことわざや名言にも「急いては事を仕損じる」と「善は急げ」のように、全く相反するものがあります。

確証バイアス：類は友を呼ぶ
アンカリング：はじめ良ければすべてよし
ハロー効果：人は見た目で判断するな
楽観バイアス：明日は明日の風が吹く
損失回避：転ばぬ先の杖
現状維持バイアス・同調性バイアス：出る杭は打たれる

ピグマリオン効果：豚もおだてりゃ木に登る
プラシーボ効果：信じる者は救われる
ダニングクルーガー効果：無知の知

おわりに

認知バイアスは決して悪いものではありません。常に合理的な判断を正確に下す機械にはありえない、人間らしい特徴のひとつです。

確かに、認知バイアスが過剰に働くと、偏見を生んだり、人に迷惑をかけたりすることもあります。

ただ、本書で繰り返し、指摘しましたが、認知バイアスがなければ私たちの日常生活は成立しません。経験則や限られた情報をうまく処理することで、毎日、迷うことなく通勤したり、会社で働いたりすることが可能になっています。

ですから、認知バイアスが働くとどのようなことが引き起こされるかを知ることが重要になります。

何が起こるかがわかっていれば怖くありません。自分も偏見を持つ可能性があることを常に意識して、判断する際に、一歩立ち止まって考えることで、誤った判断や行動は避けられるはずです。

最後に、私に認知心理学における意思決定論についてご教授いただき、また今回の原稿のために様々な事例を教えてくださいました山岸侯彦先生、認知心理学の思考研究のおもしろさを教えてくださった鈴木宏昭先生、楠見孝先生に心より感謝申し上げます。本書におきまして執筆協力に携わってくださいました栗下直也様、編集者の水早將様に心より感謝申し上げます。

そしていつも支えてくれている両親と夫と娘に感謝します。

える，認知科学，30（1), 18–27

Greenwald, A. G., McGhee, D. E., & Schwartz, J. L. K. (1998). Measuring individual differences in implicit cognition: The Implicit Association Test. Journal of Personality and Social Psychology, 74(6), 1464–1480.

心理学ミュージアム「見えない気持ちを炙り出す—IAT（潜在連合テスト）の仕組み—」https://psychmuseum.jp/show_room/iat/

Gilovich, T. (1991). How We Know What Isn't So: The Fallibility of Human Reason in Everyday Life. Free Press.

楠見孝・道田泰司（編著）(2015) 批判的思考—21 世紀を生きぬくリテラシーの基盤—, 新曜社 .

Vohs, K. D., Kim, Y., & Puccinelli, N. M. (2012). The Self-Extension Bias: How DIY Products Extend the Self and Increase Perceived Value. Journal of Marketing Research, 49(5), 683–695.

Thaler, R. (1980). Toward a positive theory of consumer choice. Journal of Economic Behavior & Organization, 1(1), 39–60.

Kahneman, D., Knetsch, J. L., & Thaler, R. H. (1990). Experimental Tests of the Endowment Effect and the Coase Theorem. Journal of Political Economy, 98(6), 1325–1348.

Zajonc, R. B. (1968). Attitudinal Effects of Mere Exposure. Journal of Personality and Social Psychology , 9(2, Pt.2), 1–27.

Bornstein, R. F. (1989). Exposure and Affect: Overview and Meta-Analysis of Research, 1968–1987. Psychological Bulletin, 106(2), 265–289.

Janiszewski, C. (1993). Preattentive Mere Exposure Effects. Journal of Consumer Research, 20(3), 376–392.

Huber, J., Payne, J. W., & Puto, C. (1982). Adding asymmetrically dominated alternatives: Violations of regularity and the similarity hypothesis. Journal of Consumer Research, 9(1), 90–98.

Ross, L., & Lepper, M. (1985). The perseverance of beliefs: Empirical and normative considerations. In R. A. Vallacher & D. W. Wegner (Eds.), A theory of action identification (69–111). Erlbaum.

Cherry, E. C. (1953). Some experiments on the recognition of speech, with one and with two ears. Journal of the Acoustical Society of America, 25(5), 975–979.

Daniel J. Simons & Christopher F. Chabris (1999). Gorillas in our midst: sustained inattentional blindness for dynamic events, Perception, 28(19), 1059–1074.

Simons, D. J., & Levin, D. T. (1998). Failure to detect changes to people during a real-world interaction. Psychonomic Bulletin & Review, 5(4), 644–649.

芳賀繁（2012）.「ヒューマンエラーの基礎知識」労働安全衛生広報.

エピローグ

Gigerenzer, G. (2007). Gut Feelings: The Intelligence of the Unconscious. Viking Press.

Simons, D. J., & Levin, D. T. (1998). Failure to detect changes to people during a real-world interaction. Psychonomic Bulletin & Review, 5(4), 644–649.

相馬正史&都築誉史（2014）. 意思決定におけるバイアス矯正の研究動向. 立教大学心理学研究, 56, 45–58.

本田秀仁・鈴木宏昭（2023）バイアス概念の再検討から思考研究のこれまでとこれからを考

第４章

Robinson, J. O. (1972). The Psychology of Visual Illusion. Hutchinson University Library.

Kanizsa, G. (1976). Subjective contours. Scientific American, 234(4), 48–52.

Long, G. M., & Toppino, T. C. (2004). Enduring interest in perceptual ambiguity: Alternating views of reversible figures. Psychological Bulletin, 130(5), 748–768.

Penrose, L. S., & Penrose, R. (1958). Impossible objects: A special type of visual illusion. British Journal of Psychology, 49(1), 31–33.

Botvinick, M., & Cohen, J. (1998). Rubber hands "feel" touch that eyes see. Nature, 391(6669), 756.

金谷 翔子 & 横澤 一彦 . (2015). 手の身体所有感覚とラバーハンド錯覚 . バイオメカニズム学会誌 , 39(2), 69–74.

Duncker, K. (1945). On problem-solving. Psychological Monographs, 58(5), i–113.

鈴木宏昭・開一夫 (2003). 洞察問題解決への制約論的アプローチ . 心理学評論 , 46(2), 211–232.

鈴木宏昭 (2016). 教養としての認知科学．東京大学出版会.

Tversky, A., & Kahneman, D. (1971). Belief in the law of small numbers. Psychological Bulletin, 76(2), 105–110.

Phillips Davison（1983）The Third-Person Effect in Communication, Public Opinion Quarterly.

Shafir, E., Simonson, I., & Tversky, A. (1993). Reason-based choice. Cognition, 49(1–2), 11–36.

友野典男（2006）「行動経済学 - 経済は「感情」で動いている -」光文社新書

Iyengar, S. S. & Lepper, M. (2001). When Choice is Demotivating: Can One Desire Too Much of a Good Thing? . Journal of Personality and Social Psychology ,79(6), 995–1006.

Kahneman, D., Fredrickson, B. L., Schreiber, C. A., & Redelmeier, D. A. (1993). When More Pain Is Preferred to Less: Adding a Better End. Psychological Science, 4(6), 401–405.

Mischel, W., Shoda, Y., & Rodriguez, M. L. (1989). Delay of gratification in children. Science, 244(4907), 933–938.

Michael I. Norton, Daniel Mochon, Dan Ariely（2012）The IKEA Effect: When Labor Leads to Love, Journal of Consumer Psychology, 22(3), 453–460.

Norton, M. I., Mochon, D., & Ariely, D. (2012). Effort for Ownership: How Building Things Shapes Perceived Value. Journal of Consumer Research, 39(1), 165–178.

Moscovici, S., & Zavalloni, M. (1969). The group as a polarizer of attitudes. Journal of Personality and Social Psychology, 12(2), 125–135.

James A. F. Stoner（1968）Risky and cautious shifts in group decisions: The influence of widely held values. Journal of Experimental Social Psychology, 4(4), 442–459.

Forer, B. R. (1949). The fallacy of personal validation: A classroom demonstration of gullibility. The Journal of Abnormal and Social Psychology, 44(1), 118–123.

Asch, S. E. (1951) Effects of group pressure upon the modification and distortion of judgments. In H. Guetzkow (Ed.), Groups, leadership, and men; reserch in human relations (177–190). Carnegie Press.

大西 正輝 , 山下 倫央 , 秦 康範 , & 坂間 亮弘 (2017). 避難時における正常性バイアスと集団同調性バイアスの計測：災害時に人はなぜ逃げないのか？ . 電子情報通信学会技術研究報告 , 116(527), 41–45.

Leibenstein, H. (1950). Bandwagon, Snob, and Veblen Effects in the Theory of Consumers' Demand. The Quarterly Journal of Economics, 64(2), 183–207.

Cialdini, R. B. (2001). Harnessing the Science of Persuasion. Harvard Business Review, 79(9), 72–81.

ロバート・B・チャルディーニ (著), 社会行動研究会 (翻訳)（2023）. 影響力の武器［新版］誠信書房 .

Sacerdote, Bruce. (2001). Peer Effects with Random Assignment: Results for Dartmouth Roommates. The Quarterly Journal of Economics, 116(2), 681–704.

Falk, Armin, & Ichino, Andrea. (2006). Clean Evidence on Peer Effects. Journal of Labor Economics, 24(1), 39–57.

Nisbett, R. E., Caputo, C., Legant, P., & Marecek, J. (1973). Behavior as seen by the actor and as seen by the observer. Journal of Personality and Social Psychology, 27(2), 154–164.

Jones, E. E., & Nisbett, R. E. (1972). The actor and the observer: Divergent perceptions of the causes of behavior.

Gilovich, T., Medvec, V. H., & Savitsky, K. (2000). The spotlight effect in social judgment: An egocentric bias in estimates of the salience of one's own actions and appearance. Journal of Personality and Social Psychology, 78(2), 211–222.

Baron-Cohen, S., Leslie, A. M., & Frith, U. (1985). Does the autistic child have a "theory of mind"? . Cognition, 21(1), 37–46.

Wellman, H. M. (1990). The Child's Theory of Mind. MIT Press.

Seligman, M. E., & Maier, S. F. (1967). Failure to escape traumatic shock. Journal of Experimental Psychology, 74(1), 1–9.

Thorndike, E. L. (1920). A constant error in psychological ratings. Journal of Applied Psychology, 4(1), 25–29.

Nisbett, R. E., & Wilson, T. D. (1977). The halo effect: Evidence for unconscious alteration of judgments. Journal of Personality and Social Psychology, 35(4), 250–256.

Milgram, S. (1963). Behavioral Study of obedience. The Journal of Abnormal and Social Psychology, 67(4), 371–378.

Milgram, S. (1974). Obedience to Authority: An Experimental View. Harper & Row.

日本心理学会　心理学ワールド「ミルグラムの電気ショック実験」https://psych.or.jp/interest/mm-01/

Lerner, M. J., & Simmons, C. H. (1966). Observer's reaction to the "innocent victim": Compassion or rejection?. Journal of Personality and Social Psychology, 4(2), 203–210.

Lerner, M. J. (1980). The Belief in a Just World: A Fundamental Delusion. Plenum Press.

Zajonc, R. B. (1968). Attitudinal effects of mere exposure. Journal of Personality and Social Psychology, 9(2), 1–27.

Fiske, S. T., & Taylor, S. E. (2013). Social Cognition: from brains to culture. Sage Publications.

Gilovich, T., Savitsky, K., & Medvec, V. H. (1998). The illusion of transparency: Biased assessments of others' ability to read one's emotional states. Journal of Personality and Social Psychology, 75(2), 332–346.

Gilovich, T., Medvec, V. H., & Savitsky, K. (2000). The spotlight effect in social judgment: An egocentric bias in estimates of the salience of one's own actions and appearance. Journal of Personality and Social Psychology, 78(2), 211–222.

Loewenstein, G., O'Donoghue, T., & Rabin, M. (2003). Projection bias in predicting future utility. The Quarterly Journal of Economics, 118(4), 1209–1248.

Camerer, C., Loewenstein, G., & Weber, M. (1989). The curse of knowledge in economic settings: An experimental analysis. Journal of Political Economy, 97(5), 1232–1254.

Messick, D. M. (1998). Social Categories and Business Ethics. Business Ethics Quarterly, 8(S1), 149–172.

池田 謙一・唐沢 穣・工藤 恵理子・村本 由紀子 (2019)，社会心理学（補訂版），有斐閣 .

Darley, J. M., & Latané, B. (1968). Bystander intervention in emergencies: Diffusion of responsibility. Journal of Personality and Social Psychology, 8(4), 377–383.

内閣府（2017）「移植医療に関する世論調査」

Beecher, H. K. (1955). The powerful placebo. The Journal of the American Medical Association, 159(17), 1602–1606.

Evans, J. St. B. T. (2003). In two minds: Dual-process accounts of reasoning. Trends in Cognitive Sciences, 7(10), 454–459.

Wason, P. C. (1966). Reasoning. In B. M. Foss (Ed.), New Horizons in Psychology, 135–151.

Wason, P. C. (1960). On the failure to eliminate hypotheses in a conceptual task. The Quarterly Journal of Experimental Psychology, 12(3), 129–140.

Amos Tversky and Daniel Kahneman. (1974). Judgment under Uncertainty: Heuristics and Biases. Science, 185(4157), 1124–1131.

Markus, H. R., & Kitayama, S. (1991) . Culture and the self: Implications for cognition, emotion, and motivation. Psychological Review, 98 (2.) ,224–253

Tversky, A. and Kahneman, D. (1981) Judgments of and by representativeness. In D. Kahneman, P. Slovic & A. Tversky (Eds.), Judgment under uncertainty: Heuristics and biases. Cambridge, UK: Cambridge University Press.

Redelmeier, D. A., & Tversky, A. (1990). The role of representativeness in the diagnosis of medical cases. Medical Decision Making, 10(1), 34–41.

楠見孝・子安増生・道田泰司（編）(2011).『批判的思考力を育む：学士力と社会人基礎力の基盤形成』, 有斐閣.

Douglas MacKay, Alexandra Robinson (2016) The Ethics of Organ Donor Registration Policies: Nudges and Respect for Autonomy. The American Journal of Bioethics,16 (11), 3–12.

Sunstein, C. R., & Reisch, L. A. (2019). Trusting nudges: Toward a Bill of Rights for Nudging. Routledge.

山田歩 (2019), 日本認知科学会 (監修). 選択と誘導の認知科学 (認知科学のススメ), 新曜社.

第 3 章

Rosenthal, R., & Jacobson, L. (1968). Pygmalion in the Classroom: Teacher Expectation and Pupils' Intellectual Development. New York: Holt, Rinehart, and Winston.

Bandura, A. (1977). Self-efficacy: Toward a unifying theory of behavioral change. Psychological Review, 84(2), 191–215.

Bandura, A. (1997). Self-efficacy: The exercise of control. New York: W. H. Freeman.

Bower, G. H. (1981). Mood and memory. American Psychologist, 36(2), 129–148.

Flavell, J. H. (1979). Metacognition and cognitive monitoring: A new area of cognitive–developmental inquiry. American Psychologist, 34(10), 906–911.

加藤英明・高橋大志（2004）「天気晴朗ならば株高し」現代ファイナンス No. 15, 35–50.

Dutton, D. G., & Aron, A. P. (1974). Some evidence for heightened sexual attraction under conditions of high anxiety. Journal of Personality and Social Psychology, 30(4), 510–517.

Festinger, L. (1957). A theory of cognitive dissonance. Stanford University Press.

Brehm, J. W. (1956). Postdecision changes in the desirability of alternatives. The Journal of Abnormal and Social Psychology, 52(3), 384–389.

Festinger, L., & Carlsmith, J. M. (1959). Cognitive consequences of forced compliance. The Journal of Abnormal and Social Psychology, 58(2), 203–210.

Daniel Kahneman, Amos Tversky（1979）Prospect Theory: An Analysis of Decision under Risk, Econometrica, 47(2), 263–292.

Samuelson, W., & Zeckhauser, R. (1988). Status Quo Bias in Decision Making. Journal of Risk and Uncertainty, 1(1), 7–59.

Arkes, H. R., & Blumer, C. (1985). The psychology of sunk cost. Organizational Behavior and Human Decision Processes, 35(1), 124–140.

Staw, B. M. (1976) Knee-deep in the Big Muddy: A study of escalating commitment to a chosen course of action. Organizational Behavior and Human Performance, 16(1), 27–44.

Frederick, S., Novemsky, N., Wang, J., Dhar, R., & Nowlis, S. (2009). Opportunity Cost Neglect. Journal of Consumer Research, 36(4), 553–561.

Brehm, S. S., & Brehm, J. W. (1981). Psychological Reactance: A Theory of Freedom and Control. Academic Press.

Silvia, P. J. (2006). Exploring the Psychology of Interest. Oxford University Press.

Pennebaker, J. W., & Sanders, D. Y. (1976). American graffiti: Effects of authority and reactance arousal. Personality and Social Psychology Bulletin, 2(3), 264–267.

Thaler, R. H., & Sunstein, C. R. (2008). Nudge: Improving Decisions About Health, Wealth, and Happiness. Yale University Press.

Madrian, B. C., & Shea, D. F. (2001). The power of suggestion: Inertia in 401 (K) participation and savings behavior. Quarterly Journal of Economics, 116(4), 1149–1187.

Johnson, E. J., & Goldstein, D. (2003). Do Defaults Save Lives?. Science, 302(5649), 1338–1339.

implications of generalized outcome expectancies. Health Psychology, 4(3), 219–247.

寺田寅彦（2000）．科学と科学者のはなし：寺田寅彦エッセイ集（池内了編）．津浪と人間，岩波少年文庫．

Loftus, E. F., & Palmer, J. C. (1974). Reconstruction of automobile destruction: An example of the interaction between language and memory. Journal of Verbal Learning and Verbal Behavior, 13(5), 585–589.

Loftus, E. F., & Pickrell, J. E. (1995). The formation of false memories. Psychiatric Annals, 25(12), 720–725.

Fischhoff, B., & Beyth, R. (1975). "I knew it would happen": Remembered probabilities of once-future things. Organizational Behavior and Human Performance, 13(1), 1–16.

Yama, H., Akita, M., & Kawasaki, T. (2021). Hindsight bias in judgments of the predictability of flash floods: An experimental study for testimony at a court trial and legal decision making. Applied Cognitive Psychology, 35(3), 711–719.

Roese, N. J., & Olson, J. M. (1997). Counterfactual Thinking: The Intersection of Affect and Function. Advances in Experimental Social Psychology, 29, 1–59.

厚生労働省 (2022).「医療施設動態調査」

日本フランチャイズチェーン協会 (2023)「コンビニエンスストア統計調査年間集計」

Slovic, P. (1987). Perception of risk. Science, 236(4799), 280–285.

Asch, S. E. (1946). Forming impressions of personality. The Journal of Abnormal and Social Psychology, 41(3), 258–290.

Murdock, B. B. (1962). The serial position effect of free recall. Journal of Experimental Psychology, 64(5), 482–488.

Brown, R., & Kulik, J. (1977). Flashbulb memories. Cognition, 5(1), 73–99.

矢野喜夫 (2012). 東北大震災によるフラッシュバルブ記憶．日本教育心理学会総会発表論文集，54, 686.

Tversky, A., & Kahneman, D. (1973). Availability: A heuristic for judging frequency and probability. Cognitive Psychology, 5(2), 207–232.

鈴木 宏昭（2020）．認知バイアス 心に潜むふしぎな働き，講談社（ブルーバックス）.

第 2 章

Loewenstein, G. (1996). Out of control: Visceral Influences on Behavior. Organizational Behavior and Human Decision Processes, 65(3), 272–292.

行動的意思決定の展開―，慶應義塾大学出版会．

Stanovich, K. E., & West, R. F. (2000). Individual differences in reasoning: Implications for the rationality debate? , Behavioral and Brain Sciences, 23(5), 645–665.

Stanovich, K. E., & West, R. F. (1998). Cognitive ability and variation in selection task performance. Thinking and Reasoning, 4(3), 193–230.

Simon, H. A.（1947）. Administrative Behavior.

Daniel Kahneman, Amos Tversky（1979）Prospect Theory: An Analysis of Decision under Risk, Econometrica, 47(2), 263–292.

John Sweller.（1988）．Cognitive load during problem solving: Effects on learning Author links open overlay panel, Cognitive Science, 12（2）, 257–285.

GA Miller（1956）. The Magical Number Seven, Plus or Minus Two: Some Limits on our Capacity for Processing Information. Psychological Review, 63, 81–97.

Tversky, A., & Kahneman, D. (1974). Judgment under Uncertainty: Heuristics and Biases. Science, 185(4157), 1124–1131.

Ariely, D., Loewenstein, G., & Prelec, D. (2003). Coherent Arbitrariness: Stable Demand Curves without Stable Preferences. The Quarterly Journal of Economics, 118(1), 73–106.

Worchel, S., Lee, J., & Adewole, A. (1975). Effects of supply and demand on ratings of object value. Journal of Personality and Social Psychology, 32(5), 906–914.

Kruger, J., & Dunning, D. (1999). Unskilled and unaware of it: How difficulties in recognizing one's own incompetence lead to inflated self-assessments. Journal of Personality and Social Psychology, 77(6), 1121–1134.

Ross, M., & Sicoly, F. (1979). Egocentric biases in availability and attribution. Journal of Personality and Social Psychology, 37(3), 322–336.

Miller, D. T., & Ross, M. (1975). Self-serving biases in the attribution of causality: Fact or fiction?. Psychological Bulletin, 82(2), 213–225.

Weiner, B. (1985). An attributional theory of achievement motivation and emotion. Psychological Review, 92(4), 548–573.

無藤 隆・森 敏昭・遠藤 由美・玉瀬 耕治（2018）. 心理学 新版，有斐閣．

Festinger, L. (1957). A theory of cognitive dissonance. Stanford University Press.

Weinstein, N. D. (1980). Unrealistic optimism about future life events. Journal of Personality and Social Psychology, 39(5), 806–820.

Scheier, M. F., & Carver, C. S. (1985). Optimism, coping, and health: Assessment and

Wason, P. C. (1968). Reasoning about a rule. Quarterly Journal of Experimental Psychology, 20 (3): 273–281.

Wason, P. C. (1977). Self-contradictions. In Johnson-Laird, P. N.; Wason, P. C. Thinking: Readings in cognitive science. Cambridge: Cambridge University Press.

Allais, M. (1953). Le comportement de l'Homme rationnel devant le risque, critique des postulats et axiomes de l'ecole americaine. Econometrica, 21, 503–546.

Daniel Kahneman, Amos Tversky (1979) Prospect Theory: An Analysis of Decision under Risk, Econometrica, 47(2), 263–292 .

Tversky, A., & Kahneman, D. (1981). The Framing of Decisions and the Psychology of Choice. Science, 211(4481), 453–458.

Newell, A., & Simon, H. A. (1972). Human problem solving. Prentice-Hall.

Simon, H. A. (1975). The functional equivalence of problem solving skills. Cognitive Psychology, 7(2), 268–288.

Anzai, Y., & Simon, H. A. (1979). The theory of learning by doing. Psychological Review, 86(2), 124–140.

Catrambone, R. (1998). The subgoal learning model: Creating better examples so that students can solve novel problems. Journal of Experimental Psychology: General, 127(4), 355–376.

Craik, F. I. M., & Tulving, E. (1975). Depth of processing and the retention of words in episodic memory. Journal of Experimental Psychology: General, 104(3), 268–294.

Bartlett, F. C.: Remembering. (1932). A study in experimental and social psychology, Cambridge University Press.
宇津木保・辻正三（訳）（1983）想起の心理学，誠信書房.

Rogers, T. B., Kuiper, N. A., & Kirker, W. S. (1977). Self-reference and the encoding of personal information. Journal of Personality and Social Psychology, 35(9), 677–688.

Kuiper, N. A., & Rogers, T. B. (1979). Encoding of personal information: Self–other differences. Journal of Personality and Social Psychology, 37(4), 499–514.

第 1 章

K・マンクテロウ著（服部雅史・山祐嗣 監訳）（2015）．思考と推論—理性・判断・意思決定の心理学—，北大路書房．

ダニエル・カーネマン（著），村井章子（訳）(2012). ファスト＆スロー (上・下巻). 早川書房 .
Kahneman, D. (2011). Thinking, Fast and Slow. Farrar, Straus and Giroux.

増田真也・広田すみれ・坂上貴之（編著）（2023）心理学が描くリスクの世界 Advanced：—

参考文献

プロローグ

Herbert Simon (1971). Computers, Communications and the Public Interest.

The Guardian (2005) . No 53 puts Italy out of its lottery agony, Sophie Arie in Rome, Friday February 11
http://news.bbc.co.uk/2/hi/europe/4256595.stm

George Walker Bush. State of the Union 2001 - 27 January 2001,
https://www.let.rug.nl/usa/presidents/george-w-bush/state-of-the-union-2001.php

BIT：Behavioral Insights Team, Our History
https://www.bi.team/about-us/our-history/

Behavioral Insights Team. (2014). EAST: Four Simple Ways to Apply Behavioral Insights.

ハーバード大
Outsmarting Implicit Bias, Mahzarin Banaji
https://pll.harvard.edu/course/outsmarting-implicit-bias

ペンシルベニア大
Council on Science and Technology
Our Biased Brains: The Science of Cognitive Bias and Decision Making
https://cst.princeton.edu/frs-124

スタンフォード大
Center for Teaching and Learning
https://ctl.stanford.edu/

序章

Barron, Greg; Leider, Stephen (2009). The role of experience in the Gambler's Fallacy. Journal of Behavioral Decision Making, 23(1), 117–129.

Simon, H. A. (1947). Administrative Behavior; a Study of Decision-Making Processes in Administrative Organization. Macmillan.

Simon, H. A. (1955) A Behavioral Model of Rational Choice, The Quarterly Journal of Economics, 69(1), 99–118.

Simon, H. A. (1969). The Sciences of the Artificial. The MIT Press.

著者略歴

栗山直子（くりやま・なおこ）

東京科学大学リベラルアーツ研究教育院／環境・社会理工学院 講師。専門は認知心理学、教育心理学、教育工学。

青山学院大学文学部教育学科卒業、東京工業大学 大学院社会理工学研究科 人間行動システム専攻修士課程、同大学大学院同研究科 博士課程修了。博士（学術）。日本学術振興会特別研究員PDを経て、東京工業大学 大学院社会理工学研究科人間行動システム専攻助手。その後、同大学同研究科助教、改組により同大学リベラルアーツ研究教育院／環境･社会理工学院 助教、講師を経て、現職。2016年文部大臣表彰科学技術賞（理解増進部門）受賞。
認知バイアスも含む人間の柔軟な思考、主に推論・問題解決に関心があり人の思考に関係する研究に従事。現在は論理的思考を育成するための研究を進めている。日本心理学会、認知科学会等会員。日本認知科学会をはじめ、海外のCognitive Science 関連の学会で発表を多数行っている。

世界《せかい》は認知《にんち》バイアスが動《うご》かしている
情報社会《じょうほうしゃかい》を生《い》きぬく武器《ぶき》と教養《きょうよう》

2025年3月27日　初版第1刷発行

著　　者　栗山直子《くりやまなおこ》
発 行 者　出井貴完
発 行 所　SBクリエイティブ株式会社
〒105-0001　東京都港区虎ノ門2-2-1
装　　丁　小口翔平＋畑中茜（tobufune）
本文デザイン　相原真理子
イ ラ ス ト　瀬川尚志
D　T　P　クニメディア株式会社
校　　正　ペーパーハウス
編集協力　栗下直也
編集担当　水早將
印刷・製本　中央精版印刷株式会社

本書をお読みになったご意見・ご感想を
下記URL、または左記QRコードよりお寄せください。

https://isbn2.sbcr.jp/26846/

ISBN　978-4-8156-2684-6